MAGASIN THÉATRAL.

CHOIX DE PIÈCES NOUVELLES,

JOUÉES SUR TOUS LES THÉATRES DE PARIS.

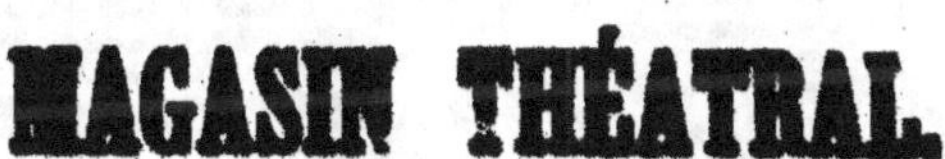

THÉATRE DU VAUDEVILLE.

LE NEVEU DU MERCIER,

Comédie en trois actes, mêlée de chant.

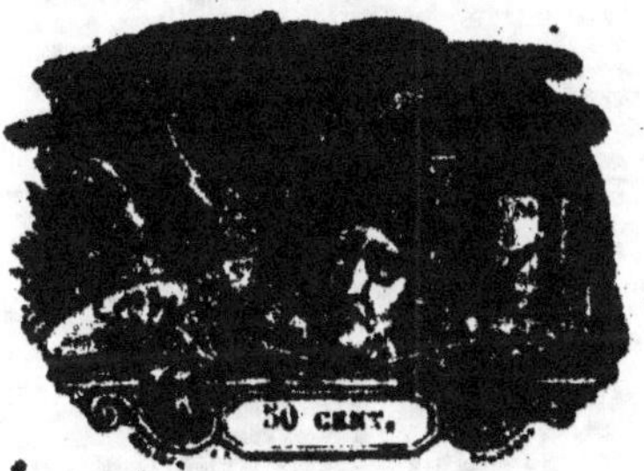

PARIS.

MARCHANT, ÉDITEUR,

Boulevart Saint-Martin, 12.

BRUXELLES.

TARRIDE, LIBRAIRE, PASSAGE DE LA COMÉDIE.

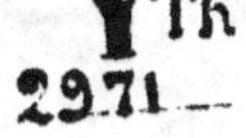

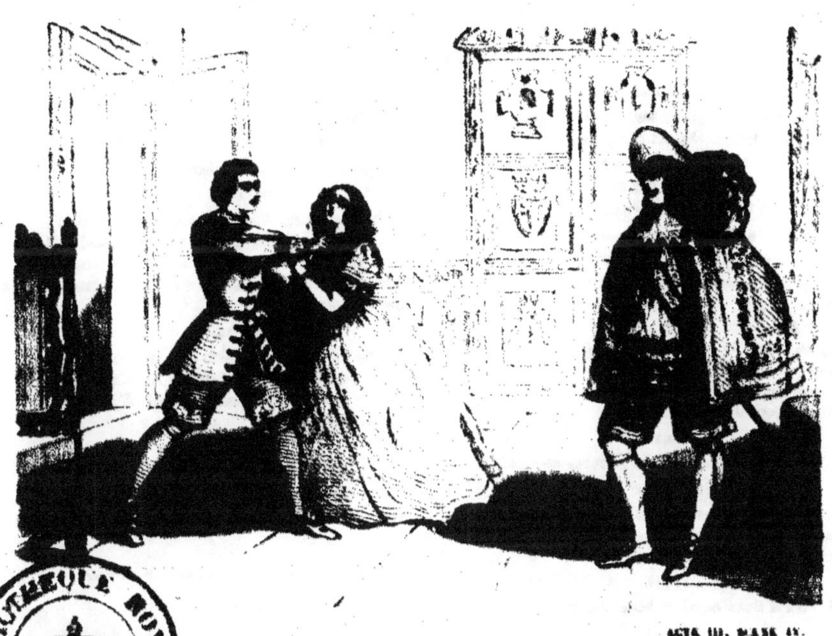

LE NEVEU DU MERCIER,

COMÉDIE EN TROIS ACTES MÊLÉE DE CHANT,

par MM. Félicien Mallefille et Roger de Beauvoir,

MISE EN SCÈNE DE M. VERNEUIL, MUSIQUE DE M. DOCHE,

REPRÉSENTÉE, POUR LA PREMIÈRE FOIS, A PARIS, SUR LE THÉATRE DU VAUDEVILLE, LE 6 MARS 1841.

PERSONNAGES.	ACTEURS.	PERSONNAGES.	ACTEURS.
POTNICK, mercier.	M. Leplâtre jne.	LE BOURGMESTRE.	M. Amant.
LE DUC	M. Fontenay.	LA DUCHESSE.	Mme Thénard.
PRIOLO, aventurier.	M. Fréville.	HÉLÈNE, fille de Potnick.	Mme Doche.
CHARLES, neveu de Potnick.	M. Larmandas.	GUDULE, gouvernante de Potnick.	Mme Guillemin.

ACTE PREMIER.

Une boutique de mercier hollandais à Utrecht, à l'époque correspondante (1640) au temps de Louis XIII, en France. Au fond, une large porte sur la rue. A droite, une autre porte sur l'intérieur. A gauche, un escalier tournant. Autour de la boutique, des comptoirs avec des dominos et des étoffes.

SCÈNE PREMIÈRE.

POTNICK, GUDULE, un balai à la main.

Au lever du rideau, on entend sonner six heures.

POTNICK, descendant l'escalier.

Six heures, il n'y a encore personne de levé dans la maison, excepté moi.

GUDULE.

Et moi, maître Potnick, je ne sache pas que l'on me trouve souvent en retard.

POTNICK.

C'est vrai, honnête Gudule ; tu es une véritable Hollandaise, exacte comme une pendule. C'est ainsi que nous sommes tous, nous autres qui avons été élevés dans le bon vieux temps... Mais comme tout dégénère !...

Air : Amis, voici la riante semaine

Nous n'avons plus de ces vertus antiques,
De ces marchands dignes d'être encadrés
Comme une enseigne au front de leurs boutiques,
Rangés, exacts, méthodiques, carrés !
Mon père était de cette noble race,
Et l'horloger d'Utrecht, son vieil ami,
En le voyant traverser la grand' place
Réglait toujours les carillons sur lui.   bis.

POTNICK, *continuant.*

La jeunesse d'aujourd'hui ne veut pas une once de bon tabac. Où est ma pipe?

GUDULE, *lui apportant une grande pipe armée d'un long tuyau.*

La voici, et bien nettoyée encore*.

POTNICK, *la prenant.*

Voyons ça, voyons! (*Il tire le tuyau, le met sous son bras gauche, prend la cheminée dans la main droite, en frappe à plusieurs reprises l'orifice dans la main gauche; puis il remmanche le tuyau dans la cheminée, souffle dedans, et voyant que tout va bien, se met à considérer la pipe avec satisfaction.*) Enfin, ni Hélène, ni Charles ne sont encore debout!

GUDULE.

Ça a besoin de dormir, ces pauvres enfants!

POTNICK.

Pour Hélène, je ne dis pas; elle est délicate et mignonne, et le repos ne peut que lui faire du bien; mais ce diable de Charles...

GUDULE.

Ah! il est fluet aussi et bien mignon.

POTNICK.

Laisse-moi donc tranquille avec tes *fluet* et tes *mignon!* Ne te rappelles-tu pas la manière dont un dimanche, sur le port, il a rossé un matelot quatre fois gros comme lui, le mauvais sujet! Donne-moi le pot à tabac. (*Il ouvre le pot et se met à charger sa pipe.*) Un gaillard qui donne des coups de poing à assommer un bœuf, doit avoir bien assez de sept heures de sommeil. Mais monsieur passe la moitié de la nuit à lire des romans, des comédies, un tas de sottises... Charles est un scélérat!

GUDULE.

Lui! un scélérat!

POTNICK.

Oseras-tu dire que ce soit un bon mercier?

GUDULE.

C'est un très-bon garçon.

POTNICK.

Est-ce que c'est un état d'être bon garçon?

GUDULE.

Il n'a pas besoin de tant s'inquiéter, ce pauvre jeune homme... votre héritage ne sera pas mince; il épousera sa cousine

POTNICK.

Eh bien, tu n'as, ma foi, pas tort... Il l'épousera, il la rendra heureuse. N'est-ce pas, Gudule?

GUDULE.

S'il la rendra heureuse!... ah! par exemple!... je voudrais bien voir que l'on me dît qu'il ne la rendra pas heureuse!

Elle s'appuie sur son balai d'un air menaçant.

* Gudule, Potnick.

POTNICK.

Calme-toi et balaie.

GUDULE, *se remettant à balayer.*

Ah! petit bonhomme de bois!

POTNICK.

Hé! hé! tu es méchante, Gudule, quand tu t'y mets... Mais c'est fini, tout le monde prend fait et cause pour lui contre moi. Ce petit diable vous a ensorcelées, femmes que vous êtes!... Comment se portent mes tulipes?

GUDULE.

Elles se portaient très-bien hier au soir, quand je les ai quittées... l'Impératrice de Chine surtout et la Connétable promettaient d'être magnifiques aujourd'hui.

POTNICK.

Nous irons les voir tout-à-l'heure, ces chères tulipes... quand ces diables d'enfants seront descendus... Donne-moi du feu que j'allume ma pipe.

SCÈNE II.

POTNICK, *seul.*

Il est doux de fumer une pipe quand votre conscience ne vous la reproche pas. Allons donc, Gudule!... (*Gudule sort.*) En attendant qu'elle revienne, je vais donner un petit coup de main à la besogne... Il ne faut jamais perdre de temps... Voyons; je vais mesurer, et pour cause, cette pièce de brocart que m'a vendue hier ce juif de Nuremberg... Où est l'aune?... tiens, je ne la vois pas!

SCÈNE III.

POTNICK, HÉLÈNE.

HÉLÈNE, *entrant par la porte de droite.*

Bonjour, mon père.

POTNICK, *l'embrassant.*

Bonjour, chère enfant... Sais-tu où est mon aune*?

HÉLÈNE.

Non.

POTNICK.

Où peut-elle donc être?... Tu as bien reposé?

HÉLÈNE.

Très-bien, mon père, et vous?

POTNICK.

Parfaitement... c'est-à-dire, non; j'ai été réveillé au milieu de la nuit par un vacarme horrible qui s'est fait dans la rue... Il m'a semblé qu'on se battait d'une furieuse façon.

HÉLÈNE.

Cette nuit? dans notre rue?

* Hélène, Potnick.

POTNICK.

Je n'avais rien à y faire, car ce n'était pas mon tour de garde... Ah! si je m'étais trouvé là, god-ferdeh!... Depuis qu'ils m'ont enrôlé dans la milice citoyenne, et que je fais partie de la garde de unn bourgeoise...

Air : On dit que je suis sans malice.

On peut dire que dans la ville,
Grâce à moi, tout devient tranquille;
L'on-ht dans Potnick le mercier
A vu l'étoffe d'un guerrier!
Un seul point me nuit... c'est ma taille.
Aussi plus d'un malin me raille,
Depuis qu'en moi seul le sergent
A cru voir un rassemblement.

HÉLÈNE.

Et Charles, comment se porte-t-il?

POTNICK.

Il n'est pas encore levé; c'est un paresseux!

HÉLÈNE.

Ah! vous savez, mon père, que c'est lui qui se couche tous les jours le dernier. Hier surtout, il est resté bien tard à travailler.

POTNICK.

Alors, il doit savoir où est mon aune... S'il ne me la retrouve pas, gare à lui, et si elle est perdue, il n'a qu'à se bien tenir!

HÉLÈNE.

D'abord, elle n'est pas perdue; mais quand elle le serait, il n'y aurait certainement pas de sa faute à lui...

POTNICK.

Pourquoi?

HÉLÈNE.

Pourquoi?... parce que dam! il y a des voleurs dans le monde... et, tenez, pas plus tard qu'hier, j'ai vu long-temps rôder autour de la boutique un homme de mine suspecte, avec une figure basanée, de grandes moustaches, et une rapière, oh! une rapière, qui n'en finissait plus...

POTNICK, pensif.

Qu'est-ce que cet homme-là peut vouloir chez moi?

SCÈNE IV.

Les Mêmes, GUDULE.

GUDULE.

Ah! monsieur! ah! mademoiselle, quel malheur!... Ah! vos tulipes, si vous saviez dans quel état!...

POTNICK.

Quoi?

GUDULE.

La Connétable est en deux, et l'Impératrice de Chine a la tête coupée.

HÉLÈNE, riant.

Ah! c'est là ce grand malheur?

POTNICK.

Tu ris de cela, fille sans cœur!... Es-tu bien sûre de ce que tu dis, Gudule?

GUDULE.

Trop sûre, hélas! ces chères tulipes!... Venez plutôt voir.

POTNICK.

Oui, bien chères!... des tulipes qui m'ont coûté cent cinquante livres chacune.

Il sort en courant avec Gudule.

SCÈNE V.

HÉLÈNE, CHARLES.

CHARLES, descendant l'escalier.

Ce que vous avez fait pour moi, m'a-t-elle dit, je ne l'oublierai jamais. (A part.) Je lui ai baisé la main; mais comment la revoir?

HÉLÈNE, à part.

Comme il semble préoccupé! (Haut.) Bonjour, Charles.

CHARLES.

Ah! c'est toi, chère Hélène!... tu te portes bien?

HÉLÈNE.

Mieux que toi, je le crains.

CHARLES.

Je me porte bien.

HÉLÈNE.

Mais comme te voilà fait!... Tes rubans sont à moitié arrachés.

CHARLES, un peu troublé.

C'est que... c'est que...

HÉLÈNE.

Quelque escapade encore, j'en ai peur... Mais depuis hier dix heures, tu n'as pu te battre avec personne, à moins que ce soit avec les chats sur la gouttière. (Charles fait un mouvement de dénégation.) Allons, ne mens pas; je ne te demande pas ta confession, et tu n'es pas obligé de me tromper, moi, ta cousine, moi qui n'ai qu'un tort, celui de t'aimer.

CHARLES.

Hélène!

HÉLÈNE.

Attends, il faut que je répare bien vite tout ce désordre; si mon père s'en apercevait, il te gronderait, lui.

Charles s'assied.

CHARLES.

Bonne Hélène! toujours prête à m'excuser.

Elle prend une aiguille et du fil et se met à raccommoder Charles.

HÉLÈNE.

Il n'y a qu'une chose que je ne puis te pardonner... Allons, ne bouge donc pas, tu me fais coudre de travers... c'est d'être triste.

CHARLES.

Je ne suis pas triste.

HÉLÈNE.

Si fait, si fait... vous êtes un vilain... Tiens-toi donc tranquille, si c'est possible... Est-ce que tu t'ennuies avec nous?

CHARLES.

Ah! cousine, peux-tu le supposer?

HÉLÈNE.

On peut tout supposer avec un démon comme toi.

CHARLES.

Air de Pierre le Rouge.

O toi, ma seule providence!
Pardonne-moi, j'aime à songer
Que sur moi quand vient le danger,
Hélène, tu prends ma défense.

HÉLÈNE.

Oui, monsieur, mais à l'avenir,
Il faudrait au moins m'obéir;
Je vous rangerais, sur mon âme,
Un jour si j'étais votre femme.

CHARLES, à part, parlé.

Ma femme!

ENSEMBLE.

CHARLES.

Cachons-lui, je le dois,
Que mon amour n'est plus à moi.

HÉLÈNE.

Il m'aime, je le vois,
Désormais son cœur est à moi.

Charles se lève.

Si je ne t'aimais comme un frère,
Crois-tu que je t'excuserais,
Et que chaque jour je ferais
Un nouveau mensonge à mon père?

CHARLES.

Je serai sage, tu le veux,
Je le jure ici par tes yeux,
Ce serment te suffit, je pense.

HÉLÈNE.

Il me faut une récompense.

CHARLES, parlé.

Une récompense?

HÉLÈNE, parlé.

Allons, monsieur, j'attends.

CHARLES.

Chère Hélène!

Il l'embrasse.

REPRISE DE L'ENSEMBLE.

HÉLÈNE, cassant son fil et se piquant le doigt avec son aiguille.

Aïe!

CHARLES, avec intérêt.

Tu t'es piquée?

HÉLÈNE.

Chut! arrange-toi... voici mon père... gare à l'orage!

Elle s'éloigne de Charles, qui rattache de son mieux ses rubans.

SCÈNE VI.

Les Mêmes, POTNICK.

POTNICK, apportant deux pots de tulipes très-maltraitées.

C'est effroyable, incroyable, abominable! avoir massacré de si belles tulipes!.. on ne respecte plus rien, ma parole d'honneur! il ne reste plus qu'à renverser les églises et à piller les boutiques! (Il pose les deux pots sur le comptoir.) Si je tenais le brigand qui a coupé la tête à l'Impératrice de Chine!... J'en ferai une maladie, c'est sûr! (Pendant ce discours, Charles s'agite sur place avec embarras, et Hélène le regarde d'un air inquiet. Potnick, apercevant Charles, reprend.) Ah! vous voilà, vous! (En marchant sur lui les bras croisés.) Où est mon aune?

CHARLES.

Votre aune, mon oncle?

POTNICK.

Oui, mon aune!... mon aune d'honneur!... qu'en avez-vous fait?

CHARLES.

Moi?... Je ne l'ai pas vue!

POTNICK.

Comment, tu ne l'as pas vue?... c'est toi qui as quitté la boutique le dernier hier au soir, et hier, l'aune était encore à sa place... Est-ce qu'elle serait perdue? il ne me manquerait plus que cela!

CHARLES.

Je vous jure, mon oncle...

SCÈNE VII.

Les Mêmes, LE BOURGMESTRE, suivi de QUATRE AGENS [*].

LE BOURGMESTRE, à ses agens, qui restent au fond.

Gardez la porte.

CHARLES, à part.

Le bourgmestre! Aïe!

HÉLÈNE.

Mon Dieu! qu'est-ce que cela va devenir?

POTNICK.

Le bourgmestre!... Bourgmestre, je suis bien aise de vous voir.

LE BOURGMESTRE.

Moi aussi.

POTNICK.

J'allais me rendre chez vous... j'ai des plaintes à vous porter.

LE BOURGMESTRE.

Moi aussi... Contre qui déposez-vous?

[*] Hélène, le Bourgmestre, Potnick, Charles.

POTNICK, *s'exaltant par degrés.*

Contre tout le monde!... On m'a brisé mes tulipes, on m'espionne, on veut nous assassiner; on m'a volé mon aune d'honneur.

LE BOURGMESTRE.

Tout le monde aussi porte plainte contre vous.

POTNICK.

Contre moi?

LE BOURGMESTRE.

Oui; pour tapage nocturne, attaque contre la propriété, et violences contre les personnes.

POTNICK.

En voici bien d'une autre!... quel galimatias me faites-vous là, bourgmestre?

LE BOURGMESTRE.

Galimatias vous-même, mercier. (*Tirant sa liste.*) Voyez le rapport... On s'est battu la nuit dernière dans votre rue : treize feutres défoncés, six pourpoints lacérés, et nombre d'épaules démises... et l'instrument du crime, eh bien, c'est cette même aune dont vous osez me parler; oui, cette aune, emblème de paix et d'innocence, devenu instrument de guerre, qui a été donnée pour le commerce et employée pour le meurtre; cette aune dont on a fait une massue, la reconnaissez-vous?

Il tire de dessous son manteau une moitié d'aune à clous dorés, et la présente à Potnick.

POTNICK, *la prenant.*

Quelle infamie! ce n'est plus qu'une demi-aune!

LE BOURGMESTRE.

Peut-être, en cherchant bien, pourrons-nous la compléter. Hola! dame Gudule! dame Gudule!

~~~~~~

SCÈNE VIII.

LES MÊMES, GUDULE, *entrant par la droite.*

GUDULE, *arrivant avec la pipe.*

J'y vais, maître Potnick... Voici du feu pour votre pipe... tenez...

LE BOURGMESTRE.

Il s'agit bien de pipe!... Dame Gudule, conduisez deux de ces messieurs à la chambre de monsieur Charles Potnick.

CHARLES.

A ma chambre! mais c'est une violation de domicile, monsieur le bourgmestre; je ne souffrirai pas...

POTNICK.

Non certainement, nous ne souffrirons pas...

LE BOURGMESTRE.

J'ai mes raisons...

CHARLES.

Vos raisons?... vous n'y trouverez que mes livres et quelques morceaux d'étoffes.

LE BOURGMESTRE.

Nous verrons bien.

POTNICK.

Mais il y a des lois!...

LE BOURGMESTRE, *à Gudule.*

Allons... lestement et sans réplique; on ne plaisante pas avec la justice d'Utrecht.

GUDULE, *à part.*

Qu'est-ce qu'ils lui veulent donc, à ce pauvre cher enfant? (*Haut, voyant que le Bourgmestre s'impatiente.*) On y va, on y va.

Elle monte l'escalier avec deux agens. Charles fait un mouvement pour les suivre.

CHARLES.

Permettez du moins que j'accompagne...

LE BOURGMESTRE, *à Charles.*

Restez ici, monsieur, s'il vous plaît.

HÉLÈNE, *à part.*

Ah! mauvaise tête de Charles! dans quelle affaire vous êtes-vous encore fourré là?

POTNICK, *se promenant sur la scène.*

Ah çà! quelqu'un va-t-il à la fin m'expliquer ce que cela veut dire? Jamais ma boutique n'avait été le théâtre d'un pareil scandale. Est-ce que je vends à faux poids et à fausses mesures, dites un peu?

LE BOURGMESTRE.

J'espère que cela va s'expliquer de soi-même. Voyez plutôt. (*Il montre les deux agens qui reviennent, portant en triomphe l'autre moitié de l'aune. Gudule les suit d'un air contrité. Le Bourgmestre prend une moitié de l'aune à ses agens, l'autre à Potnick, et les réunit ensemble.*) Là! voilà qui est parfait... Qu'en dites-vous, maître Charles? ne trouvez-vous pas qu'il règne entre les deux morceaux une touchante harmonie?

POTNICK, *à part, regardant Charles.*

Le malheureux!... Il paraît que c'est lui qui a battu les autres comme à son ordinaire... la force de l'habitude!

LE BOURGMESTRE, *tenant toujours l'aune devant Charles.*

Eh bien!

CHARLES.

Eh bien! qu'est-ce que cela prouve?

LE BOURGMESTRE.

Cela prouve que vous êtes un enragé, un Ajax, un Samson, qui frappez à tort et à travers sur le dos de vos concitoyens; que vous avez besoin d'une petite correction qui calme l'ardeur exagérée de votre sang, et que vous irez passer un mois à la prison du Steen pour vous rafraîchir.

POTNICK, HÉLÈNE et GUDULE.

Au Steen! grand Dieu!

HÉLÈNE, *à part.*

Oh! à tout prix, il faut le sauver. (*Haut.*) Je
~~~~~~

vous demande pardon, monsieur le bourgmestre, cela ne prouve rien. La vérité est que
c'est moi qui ai cassé l'aune.

Étonnement général.

LE BOURGMESTRE.

Vous, ma belle demoiselle ?

HÉLÈNE.

Oui, moi et Gudule.

Étonnement de Potnick.

LE BOURGMESTRE.

Et Gudule aussi ?

GUDULE.

Oui, monsieur le bourgmestre, moi aussi.

HÉLÈNE.

Nous avons eu l'imprudence de nous servir hier
de cette aune... j'en demande bien pardon à mon
père... pour soulever un bahut, et... nous l'avons
cassée... et alors, de peur d'être grondées, Gudule
et moi, nous avons pris chacune un morceau pour
le faire disparaître. Gudule a jeté le sien dans la
rue, moi, j'ai fait la maladresse de cacher le mien
dans la chambre de mon cousin. Voilà la vérité.

GUDULE.

Toute la vérité.

POTNICK.

C'est donc ça que j'ai entendu hier au soir un
craquement épouvantable dans la chambre d'Hélène ?

HÉLÈNE.

Oui, mon père, hier au soir, à huit heures.

POTNICK.

C'est cela même, à huit heures.

GUDULE.

A huit heures juste.

POTNICK, *tendant la main à Charles.*

Mon pauvre garçon, je te demande pardon de
t'avoir injustement soupçonné.

HÉLÈNE, *prenant l'autre main à Charles.*

Tu ne m'en voudras pas, cousin ?

GUDULE, *tirant Charles par le pan de son habit.*

Ni à moi, monsieur Charles ?

LE BOURGMESTRE.

Très-bien! voilà une histoire arrangée à mer-
veille, et tout le monde s'entend ici pour nous
tromper. Mais ce n'est pas à nous que l'on en fait
accroire, et nous verrons si vous oserez soutenir
devant le tribunal... Je vous arrête tous.

POTNICK, HÉLÈNE *et* GUDULE.

Ça nous est égal...

*Pendant que les deux agens du fond s'avancent sur un
signe du bourgmestre pour arrêter toute la famille,
Priolo entre.*

SCÈNE IX.

LES MÊMES, PRIOLO, *au fond* [*].

CHARLES, *au Bourgmestre.*

N'allez pas plus loin, monsieur... Je vous remercie, mes bons amis, et je n'achèterai pas ma
liberté par un mensonge. C'est moi qui ai fait le
coup dont on m'accuse.

LE BOURGMESTRE.

Vous en convenez donc ?

CHARLES.

Eh bien, oui...

LE BOURGMESTRE.

C'est heureux.

CHARLES.

A minuit environ, je veillais là-haut...

POTNICK.

Ah ! tu veillais ? Pourquoi ?

CHARLES.

Pour mettre en ordre les comptes de la journée,
j'entendis dans la rue des cris entremêlés de rires.
J'ouvris aussitôt ma fenêtre : une demi-douzaine
d'étudians ivres entouraient une jeune dame, qu'ils
avaient forcée à descendre de sa chaise ; ses porteurs, effrayés de leurs menaces, restaient immo-
biles... Un de ces insolens, le plus audacieux
d'eux tous, osa prendre la dame par la taille, et
s'efforça de l'embrasser. Elle appelait au secours !... moi, voir insulter une femme sans chercher à la défendre !... Indigné, je saisis cette
aune..... qui se trouvait là, sous ma main.....
ou ne me laisse pas d'autre arme ici !... Je saute
par la fenêtre ; en deux bonds, j'arrive au milieu
des étudians, et je me mets à taper sur eux à tort
et à travers.

POTNICK.

Je le reconnais bien là !...

CHARLES.

J'étais furieux, je frappais avec rage, avec bonheur !... Les uns tombent, les autres se sauvent...
j'aide la dame à remonter dans sa chaise, je fais
prendre à ses porteurs une petite rue en travers
de laquelle je me place pour en défendre l'en-
trée...

LE BOURGMESTRE.

Continuez.

CHARLES.

Après être allés quelques pas plus loin chercher
des armes, du renfort, ces ennemis revenaient en
poussant des cris de défi. Je me préparais à faire
bonne résistance ; mais j'aurais été infaillible-
ment écrasé par le nombre, si un inconnu ne fût
généreusement venu se placer à côté de moi, et
n'eût prêté à mon aune le secours de son épée...

POTNICK.

Un inconnu !

[*] Potnick, Gudule, Hélène, Charles, le Bourgmestre.

CHARLES.

Nous fîmes tous deux si bien notre devoir, qu'au bout de quelques instans, les assaillans, maltraités et découragés, prirent le parti de la retraite. Mon ami inconnu et moi, nous échangeâmes nos noms, nous nous serrâmes la main, et nous nous séparâmes. Ce ne fut que ce matin en m'éveillant, que je m'aperçus du malheur arrivé aux tulipes et à l'aune de mon oncle. Voilà l'exacte vérité.

LE BOURGMESTRE.

Vous avez la main leste, jeune homme ; mais la franchise de votre aveu mérite l'indulgence de la justice. Veuillez me dire le nom de votre compagnon de désordre ; vous en serez quitte pour quinze jours de prison.

HÉLÈNE.

Quinze jours! c'est une horreur!

LE BOURGMESTRE.

Aimez-vous mieux qu'il y soit un mois?.. (*Priolo entre.*) Voyons, Charles Potnick, parlez... le nom de ce coquin?

CHARLES.

Monsieur le bourgmestre plaisante sans doute?

LE BOURGMESTRE.

Je parle sérieusement, monsieur, très-sérieusement.

CHARLES.

Alors je répondrai sérieusement à monsieur le bourgmestre, qu'il m'insulte, en me supposant assez lâche pour trahir l'homme qui a défendu ma vie au péril de la sienne.

PRIOLO, *s'avançant vers Charles, et lui serrant la main.*

Très-bien, monsieur; je savais que vous deviez être un homme de cœur.

HÉLÈNE, *bas à Potnick, d'un air effrayé.*

Mon père! mon père! cet aventurier dont je vous parlais, le voilà!

POTNICK, *bas.*

Oui-dà! (*Haut.*) Monsieur le bourgmestre, vous vouliez arrêter quelqu'un?... voilà votre affaire!

CHARLES, *faisant un mouvement.*

Mais, mon oncle!

POTNICK.

Quoi?

PRIOLO.

Il voulait vous dire que c'était moi qui lui avais prêté main-forte dans l'affaire de cette nuit.

CHARLES.

Pourquoi vous livrer ainsi inutilement?

PRIOLO, *d'un air parfaitement dégagé.*

Je ne viens me livrer à rien, si ce n'est au plaisir de converser avec monsieur le bourgmestre; ce genre de divertissement est toléré par les lois.

LE BOURGMESTRE.

Vous vous êtes passé cette nuit un autre genre de divertissement très-peu toléré par la police... Je suis un de ses chefs, et vous allez avoir l'honneur de me suivre en prison avec monsieur.

Il montre Charles.

PRIOLO.

Croyez-vous, estimable bourgmestre? Honnête magistrat, je vais vous faire une question qui vous semblera peut-être indiscrète : mais je voyage pour achever mon éducation, et je désire observer sainement les mœurs des pays où je passe. Ayez la bonté de me dire si, dans cette contrée favorisée du ciel, où les maisons sont bâties dans l'eau comme des coquilles d'huîtres, et où les hommes portent des patins en guise de bottes...

POTNICK *et* LE BOURGMESTRE.

Au fait, au fait, monsieur.

PRIOLO.

Si, dis-je, les agresseurs sont considérés comme ayant tort dans les disputes, et punis en conséquence? Daignez m'éclairer sur ce léger point d'économie politique.

LE BOURGMESTRE.

Eh! sans doute, monsieur... prenez-vous les Hollandais pour des sauvages?

PRIOLO, *avec une exaltation bouffonne.*

Des sauvages! des hommes qui tiennent leurs parquets plus propres que leurs figures, et qui fument comme des cheminées!... Non, monsieur, non! je les regarde au contraire comme des gens très-civilisés, incroyablement civilisés.

LE BOURGMESTRE.

Ah çà! monsieur, en finirez-vous?

PRIOLO.

En deux mots... (*Il le prend à part.*) Monsieur le bourgmestre d'Utrecht, savez-vous qui a arrêté hier la chaise dont on vous parlait, qui voulait embrasser la dame, qui a le premier levé la main sur les laquais, et est le premier tombé sous l'aune de monsieur?

LE BOURGMESTRE.

Non, vraiment, non, je ne le sais pas.

PRIOLO.

C'est tout simple; vous êtes payé pour le savoir; moi, qui ne suis payé ni pour le savoir ni pour le dire, je le sais, et je vous le dirai.

LE BOURGMESTRE.

Et vous le prouverez?

PRIOLO.

Parfaitement!... Le jeune homme dont je vous parle est à cette heure à l'auberge du *Grand Mandarin* couché sur le flanc, noyé de vin, roué de coups, et doublement incapable de regagner son logis.

POTNICK.

Alors, ça n'est pas lui qu'il faut accuser.

LE BOURGMESTRE.
Qui est-ce?

PRIOLO.
Un intéressant sujet... Monsieur votre fils.

LE BOURGMESTRE.
Hein!

PRIOLO.
Reconnaissez-vous ce joli petit ceinturon trouvé par moi sur le champ de bataille?

LE BOURGMESTRE.
Ah! mon Dieu! c'est le sien... Il est blessé?

PRIOLO.
Non... un peu étourdi seulement.

LE BOURGMESTRE.
Ah! le scélérat... Le pauvre garçon!...Ce ceinturon, monsieur, ce ceinturon, et silence!

PRIOLO.
Je le veux bien, à condition que vous nous laisserez tous deux tranquilles, et que vous ne donnerez pas de suite à cette affaire: sans cela, je vous publie, vous et votre fils; je vous attaque, je vous extermine!

LE BOURGMESTRE.
Je vous promets... Donnez le ceinturon... je vous promets que tout est fini.

PRIOLO.
Dites-le tout haut, devant tout le monde.

LE BOURGMESTRE, *s'adressant à tous les assistans.*
Prêtez l'oreille à l'organe de la justice... Je suis pleinement satisfait des explications que monsieur vient de me donner, et je m'empresse de reconnaître son innocence, ainsi que la vôtre, monsieur Charles.

TOUS.
Ah!

LE BOURGMESTRE.
Il n'est pas coupable; vous n'êtes pas coupable; je ne suis... Personne n'est coupable! (*Bas à Priolo.*) Le ceinturon?

PRIOLO, *lui donnant le ceinturon.*
Mes complimens sur votre impartialité... Bien des amitiés de ma part à monsieur votre fils... un intéressant sujet!

LE BOURGMESTRE, *cachant le ceinturon dans sa poche, à ses agens.*
Suivez-moi, vous autres.
Il sort.

TOUS, *le reconduisant.*
Bonjour, monsieur le bourgmestre! bonjour, monsieur le bourgmestre.

SCÈNE X.

LES MÊMES, *moins* LE BOURGMESTRE.

POTNICK, *s'asseyant.*
Ouf!

HÉLÈNE.
Nous en voilà débarrassés... Quel bonheur!... Ah! monsieur! Ah! Charles!... (*Elle fait un pas*

vers Priolo et hésite: elle va à Charles, qui est resté pensif. A quoi rêves-tu?... A la dame de cette nuit, peut-être?

CHARLES.
Ma foi, non; je ne la connais pas.

PRIOLO, *après avoir long-temps examiné toutes les physionomies qui l'entourent.*
J'ose espérer, maître Potnick, qu'après les deux services que j'ai eu le bonheur de rendre à... ce jeune homme, vous voudrez bien me traiter en ami.

POTNICK.
Je n'ai pas l'habitude de faire mes amis de gens que je ne connais pas... Qui êtes-vous?

PRIOLO, *l'entraînant, à part.*
Vous êtes curieux; mais je vous pardonne aisément un défaut que je partage avec vous.

POTNICK.
En un mot, que voulez-vous de moi?

PRIOLO.
Quelques petits renseignemens.

POTNICK.
Sur quoi?

PRIOLO, *montrant Charles.*
Sur ce jeune homme.

POTNICK.
Ah!

PRIOLO.
Il passe pour être votre neveu?

POTNICK.
Il passe pour ce qu'il est, monsieur.

PRIOLO.
Je n'en doute pas, puisqu'il porte le même nom que vous; c'est donc le fils d'un frère à vous?

POTNICK.
Cela me paraît assez vraisemblable, monsieur.

PRIOLO.
Ce qui est vraisemblable n'est pas toujours vrai, comme ce qui est vrai n'est pas toujours vraisemblable.

POTNICK.
Qu'est-ce à dire, monsieur?

PRIOLO.
Rien... Je vous fais seulement une réflexion philosophique... J'aime beaucoup la philosophie. Et peut-on vous demander où est né ce jeune homme?

POTNICK.
Où vivait son père, monsieur.

PRIOLO.
Et où vivait monsieur votre frère?

POTNICK.
Dans un pays que vous n'avez jamais vu, monsieur... dans l'Inde.

PRIOLO.
J'en arrive, monsieur.

POTNICK.

Vous ?

PRIOLO.

Moi-même, mon cher monsieur, et je puis vous dire...

POTNICK, en colère.

Je ne veux pas que vous me disiez un mot de plus, ni que vous restiez un moment de plus dans ma maison. Vous êtes un aventurier, un bandit, un papiste, un banqueroutier !

AIR .

Oui, j'en suis sûr, c'est en faisant trop de pipes,
Qu'à la taverne il aura fait de ça
Un casseur d'assiettes et de tulipes,
C'est affreux, je suis hors de moi !

À Priolo.

Sortez, monsieur, car ici je suis en !
Je ne veux plus vous voir ni vous entendre.
Sortez, il faut que mon courroux soit grand,
Tu le sais, je suis bon marchand
Et jure de ne rien lui vendre !...   bis.

CHARLES.

Il ne veut rien acheter.

PRIOLO.

Si c'est comme ça que vous êtes reconnaissant.

CHARLES.

Mais, mon oncle...

POTNICK.

Tais-toi ! si tu oses jamais avoir le moindre rapport avec cet être infernal, je te donne ma malédiction. (À Priolo.) Allez-vous en !...

PRIOLO.

Voyez comme cela se trouve mal ! moi qui me sens la plus grande inclination pour vous et... votre neveu... Enfin, espérons que votre colère se calmera... Je m'en vais, je m'en vais, mais je reviendrai.

POTNICK, le poussant.

C'est ce que nous verrons.

PRIOLO, sortant la tête par un carreau de la devanture de la boutique.

C'est ce que vous verrez, gracieux mercier.

Il disparaît.

~~~~~~

SCÈNE XI.

Les Mêmes, moins PRIOLO.

POTNICK, fermant la porte.

Au diable !... et maintenant je défends à qui que ce soit d'ouvrir la porte ou de sortir sans ma permission. Saperlotte ! j'étouffe de colère : ma maison, la maison naguère la plus tranquille d'Utrecht, devenue plus bruyante qu'un cabaret de matelots ! Donne-moi ma pipe.

CHARLES.

La voilà, mon oncle.

POTNICK.

Merci, mon garçon.

CHARLES.

Croyez que je suis bien fâché ; mais que voulez-vous, c'est plus fort que moi ; c'est dans le sang.

POTNICK.

Travaille... travaille... *plus fort* travaille.. Je vais me mettre en face de toi et te surveiller. Il s'assied sur une chaise au milieu de la boutique, en face de Charles, qui est au comptoir, pliant des étoffes, en mesurant d'autres, et découpant de temps en temps ; Hélène va se placer à côté de Charles pour l'aider.) À propos, en ma qualité de syndic, j'ai reçu des invitations pour le bal qui se donne ce soir à l'hôtel des États, chez le gouverneur ; veux-tu que je t'y mène, fillette ?

HÉLÈNE.

Viendras-tu, Charles ?

POTNICK.

Lui ! Ah bien ! il ne manquerait plus qu'il y allât, après son chef-d'œuvre de cette nuit !

HÉLÈNE.

Mon père !...

POTNICK.

Oh ! il restera, nous irons seuls.

CHARLES.

Je n'y tiens pas, j'aime mieux rester à travailler.

POTNICK.

Voilà un mot superbe, un mot qui me réconcilie avec toi. Je te rends mon estime. Mais c'est égal, tu n'iras pas.

HÉLÈNE.

Oh ! ni moi non plus, mon père ; je ne m'amuserais pas à cette fête.

POTNICK.

N'en parlons plus, personne n'ira. J'aime autant passer ma soirée au coin du feu, à causer avec vous deux, en fumant ma pipe, si j'arrive à la fumer ! Gudule ne veut donc pas m'apporter du feu ! saperlotte ! il faudra que j'aille à la cuisine moi-même.

Il sort par la porte de droite.

CHARLES, jetant les étoffes*.

Quel métier !

HÉLÈNE.

Qu'as-tu donc, mon pauvre Charles ?

CHARLES.

La belle existence que d'auner de la toile et de couper du drap !

HÉLÈNE.

Mais que voudrais-tu faire ?

CHARLES.

Ce que je voudrais ?... je voudrais... (Il se cache la tête dans les mains en pleurant.) Ah ! que je suis malheureux !

* Charles, Hélène.
~~~~~~

HÉLÈNE.

Charles! Charles! ne te désole donc pas ainsi...
Plus tard, ton sort ne peut-il pas changer? Moi,
je ne veux qu'une chose, te voir heureux.

CHARLES, *relevant la tête.*

Bonne, bonne cousine!

Il l'embrasse avec effusion.

HÉLÈNE, *à part, avec joie.*

J'entends mon père, vite à l'ouvrage.

Tous deux ils se mettent à ranger les étoffes.

POTNICK, *rentrant avec sa pipe allumée.*

Eh bien! la besogne avance-t-elle?

HÉLÈNE.

Oui, mon père, Charles découpe beaucoup.

En ce moment, Charles, qui a depuis quelques instans
fixé toute son attention sur une chaise à porteurs que
l'on voit passer à travers les vitres du fond, coupe à
tort et à travers toutes les étoffes qu'il tient en main.

POTNICK, *s'apercevant du dégât.*

Que fais-tu, malheureux? (*Il lui arrache l'é-
toffe des mains et la regarde au jour.*) Flachée.
ma pièce de brocart! cela a maintenant l'air
d'un dessus de boîte à bonbons... Mais il est
donc fou, fou à lier? où est-il? (*Charles ouvrant
la porte du fond et passant la tête rapidement.
A part.*) C'est elle!

POTNICK, *l'apercevant.*

Je t'avais défendu d'ouvrir la porte.

CHARLES, *à part.*

Elle vient!

POTNICK, *en colère.*

Arrive là.

CHARLES, *à part.*

Rester ici!... devant elle!... sous ces habits de
marchand... oh! il ne faut pas qu'elle me voie.

Il gravit l'escalier en courant.

POTNICK, *courant après lui.*

Charles, m'entends-tu? Rebelle! Amalécite!
veux-tu venir ici?

Il disparaît par l'escalier à la suite de Charles.

HÉLÈNE, *seule.*

Pourquoi s'est-il précipité à cette porte? pourquoi s'est-il enfui? (*Elle voit entrer la Duchesse
suivie de Priolo.*) Une femme!... est-ce que ce
serait elle?...

SCÈNE XII.

LA DUCHESSE, PRIOLO, HÉLÈNE.

LA DUCHESSE.

Mademoiselle, veuillez me montrer des bahu-
tas*... ce que vous avez de plus élégant.

HÉLÈNE.

Madame, n'est-ce pas vous dont la chaise a été
arrêtée près d'ici cette nuit?

* Dominos.

LA DUCHESSE.

Oui, mademoiselle.

HÉLÈNE, *à part.*

Mon Dieu! aurais-je deviné?

LA DUCHESSE.

Pourquoi me faites-vous cette question?

HÉLÈNE.

Pour savoir si vous étiez bien remise, madame.

LA DUCHESSE.

Merci. Servez-moi.

HÉLÈNE, *à part.*

La servir, elle!... Ah! Charles! (*Priolo s'a-
vance vers la Duchesse, après avoir regardé de
tous côtés avec précaution. Hélène l'apercevant,
reprend tout haut.*) N'entrez pas, de grâce, monsieur, vous savez bien que mon père nous a défendu à tous d'avoir affaire à vous.

PRIOLO.

J'ai l'honneur d'accompagner....

Il montre la Duchesse.

LA DUCHESSE, *d'un air d'étonnement.*

Moi?

PRIOLO, *bas.*

Oui, madame la duchesse.

LA DUCHESSE, *bas à son tour.*

Silence, monsieur!

PRIOLO, *de même.*

Vous voyez, madame, que si je n'ai pas l'honneur d'être connu de vous, j'ai au moins celui de
vous connaître. Vous êtes madame la duchesse
de Northumberland.

LA DUCHESSE.

Plus bas, monsieur, plus bas.

PRIOLO.

Voilà plusieurs mois que vous vivez incognito
dans cette ville... cela est tout simple, vous fuyez
votre mari. Vous l'avez épousé malgré madame
votre mère, et ne trouvant pas d'appui dans votre
famille, vous êtes obligée de vous cacher. Votre
plus grande crainte est que le duc ne vienne vous
chercher ici... Suis-je bien informé?

LA DUCHESSE, *alarmée.*

Qui êtes-vous donc?

PRIOLO.

Un homme qui connaît tout le monde et que
personne ne connaît, qui peut faire beaucoup de
bien à ses amis et beaucoup de mal à ses ennemis.

LA DUCHESSE.

Et que pouvez-vous me faire à moi, soit en
bien, soit en mal?

PRIOLO.

Garder votre secret ou le trahir, choisissez.

LA DUCHESSE.

Que voulez-vous?

PRIOLO.

Un tout petit service... Il y a dans cette maison
un jeune homme que j'ai quelque intérêt à voir:
on m'oppose des difficultés, il faut que vous ayez
la bonté de me procurer une entrevue avec lui.

LA DUCHESSE.

Moi?... monsieur?... Et par quel moyen?

PRIOLO.

En le faisant venir au bal qui se donne ce soir
à l'hôtel des États.

LA DUCHESSE.

Comment?

PRIOLO.

Je vous ai vue prendre tout-à-l'heure, des mains
d'un valet, plusieurs lettres d'invitation; veuillez en mettre une dans cette bourse. (*Il tire une
bourse de dessous son pourpoint. La Duchesse
ouvre aussi son portefeuille et en tire plusieurs
billets de bal. Priolo en prend un.*) Permettez-
vous, madame la duchesse? Celle-ci est pour
moi, vous concevez: ce n'est pas le tout que
ce jeune homme aille au bal; si je veux l'y
rencontrer, il faut que j'y aille aussi. (*Il met le
billet dans sa poche.*) Maintenant voulez-vous
avoir l'extrême complaisance de dire à la demoiselle qui est au comptoir, de remettre cela à monsieur Charles Potnick

LA DUCHESSE.

Qu'est-ce que c'est que cela, monsieur Charles Potnick?

PRIOLO.

Un grand seigneur déguisé en petit marchand.

LA DUCHESSE.

Mais...

PRIOLO.

Vous craignez de vous compromettre, madame
la duchesse? n'ayez pas peur. La bourse ne porte
point de chiffre; le billet n'a pas de signature;
et d'ailleurs, vous pouvez bien faire quelque chose
pour votre libérateur.

LA DUCHESSE, *étonnée.*

Mon libérateur?

PRIOLO.

C'est le soi-disant monsieur Charles Potnick
qui vous a tirée cette nuit des mains des étudians.

LA DUCHESSE.

Quoi?... ce jeune homme, si brave!... (*Réflé-
chissant, à part.*) Je ne sais pourquoi cette res-
semblance fatale me poursuit...

HÉLÈNE, *tristement.*

Voilà, madame, ce que nous avons de plus
élégant en *bakalas*, ils sont à la dernière mode
d'Italie... voulez-vous choisir?

**LA DUCHESSE, *après en avoir regardé quelques-
unes.***

Je prends celui-ci, mademoiselle... payez-vous,
(*Elle met de l'or sur le comptoir.*) Monsieur.

ayez la complaisance de dire à un de ces valets de
porter cela dans ma chaise.

PRIOLO.

A vos ordres, madame...

Il s'éloigne.

LA DUCHESSE, *à part.*

Je serai enchantée de revoir ce jeune homme
au bal. (*Haut.*) Mademoiselle, c'est bien ici que
demeure monsieur Charles Potnick?

HÉLÈNE.

Oui, madame. (*A part.*) Elle est venue ici pour
lui, je m'en doutais.

LA DUCHESSE.

Veuillez lui remettre cette bourse de ma part,
et lui dire que je le prie de l'accepter en souvenir du service qu'il m'a rendu cette nuit, vous
savez.

HÉLÈNE.

Ah! oui... madame... je comprends...

LA DUCHESSE.

Qu'avez-vous, mon enfant? vous pâlissez...

HÉLÈNE.

Ce n'est rien, madame... un peu de fatigue...
Adieu, madame.

LA DUCHESSE.

Bonjour, mademoiselle. (*A part.*) Quel peut
être ce jeune seigneur déguisé en marchand?...
(*Haut.*) Votre magasin est fort bien assorti, je
vous en félicite, mademoiselle, j'y reviendrai.

Elle sort.

SCÈNE XIII.

HÉLÈNE, *seule.*

Elle reviendra... elle reviendra... pour lui!...
pour le voir!... car enfin, je ne rêve pas, elle m'a
parlé de lui, elle m'a donné une bourse pour lui..
Une bourse!... il doit y avoir là-dedans autre
chose que de l'or: voyons...(*Elle ouvre la bourse.*)
C'est mal ce que je fais là... mais je l'aime,
Charles!... toute ma vie est en lui! (*Elle ouvre
la bourse, et trouve le billet de bal.*) Un billet
de bal! un rendez-vous! me tromper!...

Air le Docke.

Serait-il las de mon amour fidèle,
Avec une autre, hélas! voudrait-il fuir?...
Ah! loin de lui, dans ma douleur cruelle,
Je n'aurai plus, je le sens, qu'à mourir...
    L'ami de ma jeunesse,
    Pour qui seul mon cœur bat,
    Lui seul a ma tendresse,
    Pourrait-il être ingrat?   bis.
    La fleur peut ne plus naître,
    L'oiseau ne plus chanter,
    L'étoile disparaître,
    Mais l'amour doit rester.

    La fleur peut ne plus naître, etc.

Les voici! du calme.

SCÉNE XIV.

HÉLÈNE, POTNICK, CHARLES.

POTNICK.

C'est bien heureux que vous consentiez enfin à revenir à votre poste... A-t-on vu un entêté pareil? ne vouloir ni descendre, ni dire pourquoi? Ah! mon Dieu! de quel neveu m'avez-vous affligé! (*A Hélène.*) Est-il venu quelqu'un pendant que je me disputais avec ce drôle?

HÉLÈNE, *se mettant entre son père et Charles.*

Une dame qui a acheté un bahuta noir à rubans bleus.

POTNICK, *regardant vers le comptoir.*

De la caisse numéro 3.

HÉLÈNE

Oui, mon père. (*Bas à Charles, en lui donnan la bourse.*) Elle m'a remis cette bourse pour vous.

CHARLES, *prenant la bourse, de même.*

Pour moi?

HÉLÈNE, *de même.*

Elle vous prie de l'accepter en souvenir du service que vous lui avez rendu cette nuit.

CHARLES, *à part.*

Elle sait donc mon nom, que je cherchais à lui cacher?

HÉLÈNE.

Que va-t-il faire?

CHARLES, *à part, en ouvrant la bourse.*

De l'or! de l'or! seulement! c'est tout simple. Je suis marchand, et d'un marchand, tout se paye, le dévouement comme l'étoffe. O rage!

HÉLÈNE, *à part.*

Il paraît en colère... tant mieux!

POTNICK.

Tu le lui as fait payer combien?

HÉLÈNE.

Cinq ducats.

POTNICK.

Comment, cinq ducats! Y penses-tu? mais c'est trop bon marché.

HÉLÈNE.

Je me trompe, c'est quinze.

CHARLES, *à part.*

Un billet! Qu'est-ce que cela veut dire? un billet de bal! Ah! je comprends! c'est un rendez-vous! un rendez-vous! O bonheur!

Il cache la bourse dans sa poche.

HÉLÈNE, *à part.*

Hélas! il a l'air bien joyeux; il ira à ce bal, certainement.

POTNICK.

Hélène, Charles, à la besogne donc! Gudule aussi! Gudule!

GUDULE, *en dehors.*

Voilà, monsieur.

POTNICK.

Viens nous aider.

Gudule entre.

SCÉNE XV.

LES MÊMES, GUDULE.

POTNICK.

Il va arriver du monde... tu ne seras pas de trop.

CHARLES, *s'approchant de Gudule, bas.*

Gudule! ma bonne Gudule!

GUDULE, *de même.*

Qu'est-ce que vous voulez?

CHARLES, *bas.*

J'ai envie d'aller au bal ce soir: mon oncle ne veut pas m'y mener. Il faudra que tu oublies le passepartout sous le comptoir.

GUDULE.

Mais...

CHARLES.

Si tu ne veux pas, je sauterai encore par la fenêtre, je t'en préviens.

GUDULE.

C'est une horreur!

CHARLES.

Au risque de déchirer mes habits...

GUDULE.

Ah! Jésus!

CHARLES.

Et de te casser tes tulipes.

GUDULE.

C'est bon, c'est bon, mauvais sujet. Mais, j'y pense, vous n'avez pas d'habit assez riche pour le bal de ce soir.

CHARLES.

Pas d'habit assez riche? et le costume de la caisse numéro 12!

GUDULE.

On verra... on verra.

CHARLES.

C'est consenu! Merci. Surtout, ne souffle mot de cela, ni à Hélène, ni à mon oncle. (*Haut.*) Donnez-moi de l'ouvrage, ferme, mon oncle; je me sens en humeur de travailler comme quatre.

POTNICK.

A la bonne heure. Empoigne-moi ce ballot, gaillard!

HÉLÈNE, *s'approchant à son tour de Gudule, bas.*

Gudule! ma bonne Gudule!

GUDULE, *de même.*

Qu'est-ce que c'est?

HÉLÈNE.

J'ai besoin d'aller au bal ce soir. Mon père ne veut pas m'y mener ; il faut que tu aies la complaisance de m'y conduire.

GUDULE.

Elle aussi ! Moi ! aller à ce bal ! vous y conduire ! y pensez-vous ?

HÉLÈNE.

Si tu ne veux pas, je mourrai de chagrin, je t'en avertis.

GUDULE.

Comment ? mourir de chagrin pour un bal ?

HÉLÈNE.

Tu sais que je ne mens pas, je te parle sérieusement, Gudule.

GUDULE.

Vous pleurez, Hélène ! Allons ! allons ! on fera ce qu'on pourra pour vous obliger.

HÉLÈNE.

Merci, merci mille fois : nous n'avons pas besoin de toilette, on va masqué. Tu prendras un domino.

GUDULE.

J'aurai bonne mine avec un domino, moi !

HÉLÈNE.

Pour moi, tu mettras de côté un bahuta noir à rubans bleus de la caisse, numéro 3. Les billets de bal sont dans le grand tiroir là-haut. Surtout, pas un mot de cela ni à Charles, ni à mon père. A ce soir. (Haut.) Mon père, laissez-moi faire ceci ; j'irai plus vite que vous.

POTNICK.

Tiens ! tiens ! je te cède la place... je n'y mets pas d'amour-propre.

GUDULE, à part.

Quelle idée leur a donc passé par la tête à ces jeunes gens ?

POTNICK.

Gudule, Gudule, porte ce bahuta là-haut. (L'arrêtant, et bas.) Chut !

GUDULE, bas aussi.

De quoi s'agit-il ?

POTNICK.

Les enfans n'iront pas au bal. Je n'en suis pas fâché. Mais tu comprends qu'il faut que j'y aille, moi, pour observer les modes ; c'est mon état.

GUDULE, à part.

Voilà qui se complique.

POTNICK.

Arrange-toi de manière à nous faire souper et coucher tous de bonne heure. Dès que les enfans seront endormis, je m'esquiverai, et je reviendrai sans qu'ils se soient doutés de rien.

GUDULE.

Mauvais sujet, je vous soupçonne fort de quelque intrigue, je vous connais.

POTNICK.

Gudule, surtout, pas un mot de cela ni à Charles, ni à Hélène. (Haut.) Voyons ! dépêchons, la journée est rude... Mais nous n'allons point au bal... moi du moins.

HÉLÈNE.

Ni moi.

CHARLES.

Ni moi.

GUDULE, à part.

Il paraît que nous irons tous !

ACTE DEUXIÈME.

Un salon de bal à l'hôtel du gouverneur. Galerie au fond avec des lustres et des buffets. Tables de jeu sur le devant. Une fenêtre à gauche de l'acteur.

SCÈNE PREMIÈRE.
CHŒUR.

Quelles salles parées,
S'offrent à nos yeux éblouis !
Vins de toutes contrées,
Masques de tous pays.

UN INVITÉ.

A la Hollande, mes chers maîtres.

DEUXIÈME INVITÉ.

A la France, nos cavaliers.

TROISIÈME INVITÉ.

A vous, mes vaillans écoliers.

QUATRIÈME INVITÉ.

A vous, messieurs les bourgmestres...

CINQUIÈME INVITÉ.

Au corps auguste des merciers.

Quelles salles parées, etc.

UN SEIGNEUR.

Beau masque, vous aimez la danse,
L'orchestre ici va nous jouer
Une sarabande de France ;
M'acceptez-vous pour cavalier ?

REPRISE DU CHŒUR.

SCÈNE II.

PRIOLO, seul, debout à la fenêtre.

Moi, à ce bal ! Ah ! Dieu sait pour qui j'y suis venu ! (On entend la musique dans les salons.) Qu'il me tarde de le voir ! en causant avec lui mes doutes s'éclairciraient. Mais, hélas ! après tant de vaines tentatives, puis-je croire au succès ?

SCÈNE III.

LE DUC, PRIOLO.

LE DUC, *agité.*

Pas une figure de connaissance à ce bal ! aucun gentilhomme de mes amis n'est encore arrivé !... Ne pourrai-je donc obtenir les renseignemens dont j'ai besoin ?

PRIOLO.

Le duc ! Je ne me trompe pas ; il n'est pas si changé que je ne puisse le reconnaître.

LE DUC, *apercevant Priolo.*

Voilà pourtant un homme qu'il me semble avoir vu quelque part, il faut que je tâche de le faire causer.

PRIOLO, *à part.*

Que diable vient-il faire ici ? Je le saurai.

LE DUC, *haut.*

Je viens d'entendre dans ce salon d'excellens chanteurs de Venise. Connaissez-vous ce pays ?

PRIOLO.

Parfaitement... je l'ai habité.

LE DUC.

Et moi aussi. Y a-t-il long-temps que vous l'avez quitté ?

PRIOLO.

Quelque petits dix ans.

LE DUC.

Peut-on vous demander où vous êtes allé depuis ?

PRIOLO.

Partout.

LE DUC.

Vous êtes marchand ?

PRIOLO, *avec fierté.*

Moi, marchand ! par exemple ! Aventurier, monsieur.

LE DUC.

Je vous prie de ne pas vous offenser de mes questions, elles ne sont dictées que par la bienveillance.

PRIOLO.

Vous m'honorez fort. Si vous vouliez vous asseoir à cette table de jeu, nous pourrions couper agréablement la conversation par quelques parties. Qu'en pense votre seigneurie ?

LE DUC.

Très-volontiers. Quel jeu jouez-vous ?

PRIOLO, *prenant les cartes et les présentant au Duc.*

Tous. Choisissez, je vous en supplie.

LE DUC.

Nous jouerons le lansquenet, s'il vous plaît.

PRIOLO.

Le lansquenet, soit. (*Il bat les cartes.*) Vingt ducats, si vous le voulez bien.

LE DUC.

Voilà vingt ducats... Il me semble, monsieur, avoir déjà eu le plaisir de vous rencontrer.

PRIOLO, *jouant.*

C'est probable.

LE DUC, *jouant aussi.*

Comment cela ?

PRIOLO, *même jeu.*

Ayant parcouru tous les pays et eu affaire à tout le monde, je puis dire comme cet estimable Grec dont je ne me rappelle plus le nom : Je suis homme, et aucun humain ne m'est étranger. J'ai gagné... votre revanche ?... (*Il se remet à battre les cartes.*) De quel pays est monsieur ?

LE DUC.

Je suis Anglais.

PRIOLO.

Je connais très-bien l'Angleterre : un bon pays, où l'on boit et l'on se bat beaucoup... Londres, une fort jolie ville, ma foi, où l'on trouve des seigneurs très-riches et des filous très-adroits... A vous à faire.

LE DUC, *battant les cartes.*

Y avez-vous servi quelqu'un ?

PRIOLO.

Oui : un seigneur très en pied, le chevalier Bolton, devenu duc de Northumberland.

LE DUC.

Allons donc !

PRIOLO.

Oui, vraiment, un bon service, ma foi ! on y avait beaucoup de besogne, c'est vrai, mais aussi bonne solde : je n'ai pas à me plaindre.

LE DUC.

Votre nom ?

PRIOLO.

Le vôtre ?

LE DUC, *lui passant les cartes.*

A vous. A quelle époque étiez-vous au service du duc ?

PRIOLO.

J'y entrai à mon départ d'Italie, il y a environ douze ans, et j'en sortis après une suite assez délicate dont je me tirai, je puis le dire, en galant homme.

LE DUC.

Ah ! qu'est-ce que c'est que cette affaire ?

PRIOLO.

Une histoire assez lugubre, mais fort simple. Il y avait ici, en Hollande, un enfant qui déplaisait à monseigneur, et un homme, un certain Priolo, chargé de garder cet enfant. Monseigneur nous ordonna, à moi et à trois autres braves, de tuer l'homme et d'enlever l'enfant... Eh bien ! vous ne jouez pas... c'est du carreau... Ma foi, ce qui avait été dit fut fait... Nous avions été bien payés, nous fîmes notre besogne en conscience. L'homme fut percé d'une douzaine de coups d'épée dont le moindre eût tué un taureau, et l'enfant fut jeté sur un navire de la compagnie des Indes... J'ai gagné... Dieu sait ce qu'il est devenu !

LE DUC.

Et connaissiez-vous le nom de cet enfant ?

PRIOLO.

Ma foi, non, ni ne me souciais de le connaître... Décidément, c'est à lui que je suis redevable de ces douze coups d'épée ; nous réglerons nos comptes... les bons comptes font les bons amis.

LE DUC, se levant.

Savez-vous, monsieur, que vous êtes imprudent de parler ainsi de choses semblables?

PRIOLO.

J'ai soin de n'en parler jamais que devant des gens dont je n'ai pas à craindre l'indiscrétion.

LE DUC.

Qui vous répond de moi ?

PRIOLO.

Votre physionomie.

LE DUC.

Comment cela, je vous prie ?

PRIOLO.

Si vos oreilles vous ont dit que c'est moi qui ai fait le coup, mes yeux me disent que c'est vous qui l'avez ordonné.

LE DUC.

Vous me reconnaissez ?

PRIOLO.

Oui, chevalier Bolton, devenu duc de Northumberland.

LE DUC.

Tu continueras à te taire comme par le passé?

PRIOLO.

Comme par le passé, mon intérêt répond à monseigneur de ma discrétion.

LE DUC.

Dis-moi, peux-tu me donner des renseignemens sur quelqu'un?

PRIOLO.

Sur quelqu'un ?

LE DUC.

Oui, sur madame la duchesse?

PRIOLO.

Sur madame la duchesse?... parfaitement.

LE DUC.

Tu sais donc tout ?

PRIOLO.

Et bien d'autres choses encore.

LE DUC.

Eh bien ! où puis-je voir la duchesse ?

PRIOLO.

Dans deux endroits.

LE DUC.

Lesquels?

PRIOLO.

Vous choisirez... soit à l'hôtel de l'Aigle couronné, où elle demeure et où je l'ai reconduite ce matin...

LE DUC.

Ce matin!

PRIOLO.

Soit à ce bal, où elle doit venir couverte d'un bahuta noir à rubans bleus.

LE DUC.

Ah! elle va venir ?...

PRIOLO.

Oui, monseigneur, elle viendra, si toutefois elle n'est déjà venue.

SCÈNE IV.

LES MÊMES, CHARLES.

CHARLES.

Ah! c'est vous, monsieur; je suis enchanté de vous rencontrer.

PRIOLO.

Bonsoir, mon jeune ami.

LE DUC, bas à Priolo.

Quel est ce jeune homme ?

PRIOLO, bas au Duc.

Rien... un certain monsieur Charles Potnick, apprenti mercier. Je vous avertis que le bal sera très-mêlé.

LE DUC, bas.

Adieu. Nous verrons si tes informations sont bonnes.

PRIOLO.

Je n'en donne jamais d'autres.

LE DUC, de même.

Décidément, tu es le diable.

PRIOLO, de même.

Vous me flattez... un de ses amis seulement.

L. Duc sort.

CHARLES.

Quel est donc ce seigneur?

PRIOLO.

Un homme qui vous ferait tout le mal possible s'il savait qui vous êtes véritablement.

CHARLES.

Qui je suis véritablement?... Ne suis-je donc pas ce que je parais... ce que je crois être?

PRIOLO.

Le neveu du mercier Potnick, n'est-il pas vrai? un jeune homme fraîchement sorti de l'université d'Utrecht?

CHARLES.

Certainement.

PRIOLO.

Ne vous rappelez-vous pas d'autre pays que la Hollande? aucune image, aucun souvenir ne trouble votre âme?

CHARLES.

Pourquoi ces questions?

PRIOLO.

Pourtant, ne vous semble-t-il pas avoir vu autrefois d'autres canaux que les canaux bourbeux de ce pays? d'autre horizon que ce ciel gris et pâle? Ne vous êtes-vous jamais senti étouffer dans cette lourde atmosphère?

CHARLES.

En effet, vous éveillez en moi... Que me voulez-vous?

PRIOLO.

De grands palais de marbre blanc, devant lesquels glissaient des barques légères comme la brise, des voix harmonieuses comme le chant de l'oiseau, un soleil étincelant dans un profond azur?... Enfant, sous le voile brumeux du présent, n'entrevois-tu pas l'image d'un passé radieux?

CHARLES.

Je ne sais quel pouvoir mystérieux vous a fait pénétrer dans le chaos de mes pensées, mais, je l'avoue, souvent, j'ai senti en moi des mouvemens inconnus qui ressemblaient à de vagues souvenirs : mille idées tumultueuses bouleversaient mon imagination et s'y heurtaient au hasard, tantôt vives comme des désirs, tantôt profondes comme des regrets... Parfois, du fond de mon humble et terne existence, je m'élançais vers une vie pleine de grandeur et d'éclat; ce n'était plus une boutique enfumée, qui me retenait captif au milieu des ballots et des comptoirs... je me promenais au milieu d'un palais magnifique, resplendissant de lumières, et tapissé de trophées... Plus de marchands méticuleux, plus de chalands stupides, des fantassins aux hallebardes luisantes, des cavaliers aux éperons sonores, des seigneurs aux panaches flottans... Je ne servais plus, je n'obéissais plus... je commandais... Mais hélas! un fait grossier, une parole banale me ramenait bientôt à moi-même, et du haut de ce ciel, où je planais triomphant, je retombais brisé d'un coup dans la réalité... Ah! j'ai bien souffert, monsieur, et c'est une cruauté de me rappeler les doux songes qui ont toujours fini, qui doivent toujours finir par un si dur réveil.

PRIOLO.

Non, non, ce n'étaient point là, jeune homme, de folles rêveries; ce que vous appelez un songe n'était qu'un souvenir du passé, un pressentiment de l'avenir.

CHARLES.

Que dites-vous?

PRIOLO.

Je dis... je dis, que je bénis Dieu qui me fait vous retrouver après une si longue séparation, digne du noble sang dont vous êtes sorti, digne du nom illustre que vous devez porter.

CHARLES.

Qui suis-je donc? Parlez, monsieur, ou vous me rendrez fou... Qui suis-je?

PRIOLO.

Je ne puis vous le dire.

CHARLES.

Ah! il faut que je sois bien insensé pour m'être laissé entraîner un instant à vous écouter... Je ne sais qui vous êtes, et qui vous porte à agir de la sorte... Mais c'est une indignité, monsieur, que de se jouer de la bonne foi d'un jeune homme qui ne vous a pas fait de mal.

PRIOLO, *avec tristesse.*

Vous doutez de moi?

CHARLES.

Et comment voulez-vous que je n'en doute pas? vous venez me dire des choses incroyables, me faire des promesses impossibles, et cependant, vous ne me connaissez pas, nous ne sommes rien l'un pour l'autre.

PRIOLO.

Rien l'un pour l'autre... Enfant! que Dieu vous pardonne ces paroles!

Air de *Colalto.*

Un tel chagrin était donc réservé
A mes efforts, à ma persévérance?
　Lorsque pour vous j'ai tout bravé,
　Votre doute est ma récompense.
　Des tourmens dont Dieu m'accabla
C'est le plus rude... après douze ans d'épreuves...
　Enfant, vous demandez des preuves:
　Les preuves sont écrites là.

CHARLES.

Quoi! ces blessures?

PRIOLO.

Ces blessures si nombreuses et si larges, mon enfant, je les ai reçues en vous défendant, et ces larmes qui coulent de mes yeux, je les verse, moitié de joie, pour vous avoir retrouvé, moitié de douleur, pour vous voir douter de moi.

CHARLES.

Pardon, pardon! je vous crois, et je sens que mon cœur me reproche déjà ce que j'ai dit. Pardonnez-moi... Mais pourquoi ce mystère qui couvre ma destinée? Comment ma famille m'a-t-elle éloigné d'elle, exilé peut-être, chassé?

PRIOLO.

Le roi Charles I er venait de périr, le terrible Cromwell achevait d'écraser son parti, dont votre père était l'un des principaux chefs, et le plus redoutable capitaine... Quand vous fûtes né, vous l'héritier de son nom, le chef futur de sa maison, craignant que Cromwell, devenu lord Protecteur d'Angleterre, ne vous fît saisir comme otage, et élever dans le culte presbytérien... il vous envoya en Italie sous ma garde... C'est dans la république de Venise que je me fixai avec vous; c'est à Venise que vous avez grandi... Vous aviez huit ans quand les réclamations du Protecteur près du sénat nous forcèrent de quitter cette ville; votre père m'ordonna alors de venir en Hollande vous cacher sous un faux nom. J'étais muni des papiers qui constataient votre naissance et vos droits. En arrivant à Amsterdam, je fus attaqué par des assassins qui vous enlevèrent après m'avoir laissé pour mort. J'ai passé douze ans à vous chercher.

CHARLES.

Douze ans!

PRIOLO.

J'avais juré à votre père de ne jamais vous abandonner, et quand on vous eut arraché de mes bras, je m'étais juré à moi-même de ne reparaître qu'avec vous.

CHARLES.

Devant lui!... devant mon père!

PRIOLO.

Non; votre père est au ciel.

CHARLES.

Hélas!

PRIOLO.

Mais devant votre mère.

CHARLES.

Elle vit?

PRIOLO.

Oui.

CHARLES.

Et je la verrai, ma mère?

PRIOLO.

Bientôt, je l'espère.

CHARLES.

Ah! monsieur, je saurai donc ce que c'est qu'une mère!

PRIOLO.

Allez, j'ai bien lutté, bien souffert... Sans appui, sans direction, presque sans espérance, n'ayant pas d'ami à qui me confier, croyant voir partout des ennemis, me défiant de tout le monde, obligé de cacher mes projets sous l'apparence de l'insouciance, mes inquiétudes sous le masque de la gaieté, et traité partout en vil aventurier.

CHARLES.

Pauvre ami!

PRIOLO.

Mais je vous vois, je vous embrasse; je pourrai demain aller dire à votre mère: Voilà votre fils! et un jour là-haut, à votre père: Maître, je vous ai tenu parole. Ah! je me trouve payé en un instant de toutes mes fatigues et de toutes mes souffrances!

CHARLES, impatiemment.

Mais mon nom? mon nom?

PRIOLO.

Pas encore, pas ici... Vous êtes jeune, impétueux, imprudent, entouré de gens intéressés à votre perte... par exemple, cet homme qui était là tout-à-l'heure; vous pourriez parler, malheureux enfant, et détruire peut-être le fruit de ma ?rance. Je ne vous demande que ?, je vais recouvrer ces preuves...

et demain, quand nous serons en sûreté, je vous dirai... ah! je vous dirai des choses qui réaliseront tous les rêves de grandeur que vous avez pu former. En attendant, prenez ce portrait, le portrait de votre mère... que la joie ferait mourir à l'instant même, si elle savait que son image est entre vos mains. Je vous le donne comme un gage de ma parole, puisque après tant de maux soufferts, vous exigez encore un gage.

CHARLES, recevant le portrait.

Ma mère! ma mère!

PRIOLO.

Ne le montrez à qui que ce soit. Pour que je m'en sépare, il me faut à mon tour votre parole. (Charles fait un geste d'assentiment.) Ne quittez pas ce bal sans moi: nous aurons peut-être bientôt à parler de choses sérieuses. En attendant, amusez-vous! livrez-vous à l'espérance et à la joie... la vie s'annonce belle pour vous. Au revoir. Ah! je suis bien heureux!

Il sort.

<hr>

SCÈNE V.

CHARLES, puis LA DUCHESSE masquée.

CHARLES, seul, baisant le portrait, et le renfermant dans son pourpoint.

Oh! ce portrait, il ne me quittera plus!...... Moi, gentilhomme! moi, grand seigneur! Je serais digne de celle qui me regarde depuis hier comme son libérateur; je pourrais lui parler d'égal à égal, et lui offrir avec un cœur qui ne bat que pour elle, un nom qu'elle serait fière de porter... Mon Dieu, n'est-ce point un rêve?

AIR:

Un tel bonheur, une telle surprise,
Un tel rayon dans mon cœur épuisé,
Eh quoi! le bal où chacun se déguise
Me verrait seul n'étant pas déguisé!
Oui, je le sens, il a dit vrai, cet homme,
Et ce costume, ici, n'est point menteur;
Je puis me croire à bon droit gentilhomme:
Avant l'habit je m'en sentais le cœur.

LA DUCHESSE, à part.

Il a compris, il est venu.

CHARLES, l'apercevant, à part.

Une femme! à ce costume je ne me trompe pas, c'est elle!

LA DUCHESSE, à part.

Comme il est bien ainsi! Cet étranger avait raison, à sa tournure on reconnaît un gentilhomme.

CHARLES, s'avançant vers elle.

Madame, n'y a-t-il pas de témérité à percer ? mystère de votre déguisement, et me pardonneriez-vous si j'osais vous reconnaître?

LA DUCHESSE, ôtant son masque.

Monsieur, il n'est pas plus téméraire que difficile de reconnaître quelqu'un qui ne veut pas se cacher. Je désirais vous voir pour vous remercier du généreux secours que vous m'avez prêté; car c'est à vous, n'est-ce pas, que je dois d'avoir échappé hier à une brutale et grossière attaque.

CHARLES.

Oh! ne parlons plus de cela, madame; je suis trop heureux d'avoir pu vous donner ce faible témoignage de mon dévouement, et j'en ai été trop payé quand vous m'avez permis d'effleurer votre gant de mes lèvres... Quant à cette bourse... à cet or... je vous remercie... c'est de trop.

Il lui présente la bourse.

LA DUCHESSE.

Monsieur, je comprends, j'apprécie la délicatesse de votre refus. Mais je savais bien que ce n'était pas envers un homme comme vous que l'on s'acquittait avec de l'argent; celui que vous avez trouvé là-dedans ne venait pas de moi, mais d'un cavalier italien, de vos amis, je crois...

CHARLES, *à part.*

Ah! je sais...

LA DUCHESSE.

Maintenant, monsieur, recevez encore une fois mes remerciemens et mes adieux.

CHARLES.

Vos adieux! je ne vous verrais plus!

LA DUCHESSE.

Je suis obligée de quitter ce pays : je commence à n'y être plus assez inconnue, et par suite plus assez en sûreté.

CHARLES.

Quel danger vous menace?

LA DUCHESSE.

Je ne puis vous le dire.

CHARLES.

Pardon! ce n'est pas votre secret que je vous demande, madame... mais, si vous aviez quelque confiance en mon courage, en ma loyauté, je vous prierais de me permettre... Mon Dieu!... madame, je n'ose... je ne sais comment m'exprimer... mais mon cœur est bien plein, et je serais heureux de mourir pour vous.

LA DUCHESSE.

Pour moi, monsieur, pour une étrangère!

CHARLES, *avec tristesse.*

Ah! vous savez bien que vous n'en êtes plus une pour moi, madame : depuis deux mois que vous vivez ici, cachée peut-être pour un monde que vous fuyez, mais visible pour moi, qui vous cherche toujours, n'ai-je pas eu le temps de lire dans votre âme, dans vos actions? Si je n'ai jamais osé, moi, jusqu'à présent si humble, vous adresser la parole, à vous, qui semblez une reine... j'ai pu du moins vous suivre, vous observer en silence... Je vous ai vue bien souvent vous agenouiller avec une pieuse tristesse sur le parvis de nos temples, et prier pendant de longues heures... J'ai entendu des sanglots s'échapper de votre

sein... Ah! j'ai bien vite reconnu qu'il devait être aimant, le cœur qui cherchait Dieu avec une aussi constante ferveur, et plus d'une fois, j'ai osé penser, j'ai osé me dire qu'une affection dévouée pourrait peut-être sécher les larmes de ces yeux, qui levaient vers le ciel un regard si désespéré. Pardonnez-moi, madame; mais je donnerais mon âme pour vous consoler, comme je donnerais ma vie pour vous défendre.

LA DUCHESSE.

Je crois à la sincérité de vos paroles : à votre âge, on ne sait pas encore mentir. Mais si votre imagination avait dénaturé la réalité en l'embellissant; si au lieu d'être simplement malheureuse, comme vous le supposez avec trop de vérité, j'étais encore coupable?

CHARLES.

Coupable!

LA DUCHESSE.

Si ma plus grande douleur était un remords; si ces larmes que vous m'avez vue répandre étaient à la fois le châtiment et l'expiation d'une faute, d'une bien grande faute, monsieur!

CHARLES.

AIR :

Alors je vous dirais, madame,
Que le repentir vous absout :
Que l'amour est comme la flamme,
Qu'en brûlant, il efface tout.
Mais un remords imaginaire
Vous abaisse trop à vos yeux,
Et si vous pleurez sur la terre,
C'est que votre place est aux cieux.   *bis.*

Oui, ce cœur est assez tendre pour vous donner tout l'amour que vous pouvez désirer, et assez puissant pour vous rendre la tranquillité que vous avez perdue.

LA DUCHESSE.

O mon Dieu! pourquoi n'avez-vous pas permis que je rencontrasse plus tôt une âme aussi noble, aussi dévouée!... vous m'auriez aimée pour moi, vous!

CHARLES.

Que voulez-vous dire, madame?

LA DUCHESSE.

Rien, rien maintenant : ici l'on ne peut se parler ni librement, ni sûrement. (*Remettant son masque.*) Vous ne savez pas quelle espèce de danger me menace?... demain vous saurez tout.

CHARLES.

Mais...

LA DUCHESSE.

Voulez-vous déjà me faire douter de votre soumission?

CHARLES, *vivement.*

Oh! jamais! jamais! Je suis trop heureux pour ne pas obéir... Quand me permettez-vous...

LA DUCHESSE.

Demain, à midi... Maintenant, quittez-moi... il ne faut pas que l'on nous voie plus long-temps ensemble.

CHARLES.

A demain, n'est-ce pas?

LA DUCHESSE.

A demain... (*Elle lui fait signe de s'éloigner. Charles revient et la regarde d'un air suppliant. Elle lui tend la main, il la saisit et la baise avec transport, puis s'échappe en courant.*) Quelle âme noble et généreuse! Je devrais peut-être éviter la présence de ce jeune homme... la raison me le conseille, mais mon cœur me dit que je peux l'aimer sans danger...

SCÈNE VI.

LA DUCHESSE, GUDULE, *masquée.*

GUDULE, *en entrant.*

Ah! c'est elle! je la reconnais à son bahuta. (*A la Duchesse.*) Mademoiselle, est-ce que vous vous amusez? Moi, je suis fatiguée, excédée... Dieu! que c'est ennuyeux, une fête! si vous voulez, nous nous en irons. A quoi pensez-vous donc, mademoiselle Hélène? vous ne me répondez pas.

LA DUCHESSE.

Vous vous trompez.

Elle sort.

GUDULE.

Tiens! ce n'est pas elle... comment vais-je faire pour la trouver au milieu de tout ce brouhaha? on vous pousse, on vous coudoie, on vous marche sur les pieds, et une chaleur!... J'étouffe avec ce scélérat de masque... cette idée de se mettre du carton sur le nez pour s'empêcher de respirer... j'aimerais mieux tirer vingt seaux d'eau, ma parole d'honneur!... Avec ça que j'ai cru entrevoir la figure de maître Potnick... il me croit chez lui, le digne homme. (*Elle s'assied sur une banquette.*) Tiens! on est bien là, et l'on peut voir d'ici les quadrilles.

Elle regarde par le côté opposé où entre Potnick.

SCÈNE VII.

GUDULE, POTNICK.

POTNICK, *se frottant les mains.*

AIR : *Que de mal, de tourmens!*

L'honneur d'être mercier
Ne saurait se payer.
Quel état! j'en suis fier quand j'y pense!
A ce bal je me vois
Doublé, triplé, je crois,
Mes rubans, mes plumes sont en danse!
Il est toujours flatteur
D'embellir un seigneur.
Ah! le manteau charmant!
Le pourpoint élégant!
Qui vous le fit vraiment?
Ce drap digne d'un roi,
D'où vient-il? de chez moi.

L'honneur d'être mercier, etc.

Ne saurait se payer.
Quel état! j'en suis fier quand j'y pense!
Tous mes manteaux si beaux,
Tous mes pourpoints nouveaux,
Maintenant s'agitent en cadence.
Il est toujours flatteur
D'embellir un seigneur,
Qui ne fait pas le fier,
Et qui vous dit : Mon cher,
L'honneur d'être mercier
Ne saurait se payer.

Je suis content, fort content... avec ça que le vin d'Espagne est un fort bon vin, et que les syndics de ma corporation en ont eu leur part.

GUDULE.

C'est bien beau!!! mais j'ai une soif... Ah! maître Potnick!...

POTNICK, *se retournant et voyant Gudule qui veut fuir vers la porte, après l'avoir aperçu.*

Vous me fuyez, belle dame? (*La retenant.*) Laissez-moi du moins admirer votre bahuta!... Ah! il est d'un goût parfait!

GUDULE, *contrefaisant sa voix.*

Il est de chez maître Potnick.

POTNICK, *à part.*

Qu'est-ce que je disais? Décidément, j'ai la vogue... Allons, le chapeau sur l'oreille, et lançons-nous, comme dans notre jeune temps. (*Haut.*) Beau masque...

Il la serre de près.

GUDULE, *se défendant.*

Laissez-moi!...

POTNICK.

Vous avez la voix douce et la taille enchanteresse... (*Il se rapproche de nouveau. A part.*) C'est une Française!...

GUDULE, *à part.*

Vieux scélérat!

POTNICK.

Consentez donc à quitter ce masque un moment pour que je puisse admirer de près.

Il s'approche.

GUDULE.

Pouah! vous sentez le tabac!

POTNICK, *à part.*

C'est une étrangère, une princesse russe... (*Haut.*) Pour vous plaire, je suis prêt à tous les sacrifices, et si vous le voulez, délicieuse Moscovite, eh bien! je ne fumerai plus... Mais...

Il fait une nouvelle tentative sur le masque de Gudule.

GUDULE.

Finissez donc; tenez, allez me chercher quelque chose de ce côté.

POTNICK, *courant.*

Ah! je comprends... un verre de limon...

GUDULE.

Une orange...

POTNICK.

C'est une Portugaise... je reviens dans la minute.

Il sort.

GUDULE.

Dans la minute! on dirait qu'il n'a que vingt ans, le pauvre cherhomme.

Air de la Famille de l'apothicaire.

Fiez-vous donc après cela
Aux hommes que l'on croit fidèles :
Ce gros papillon que voilà
  Voltige de belle en belle.
Consumez un peu votr' printemps,
Faites que deux cœurs se rassemblent,
Pour découvrir à cinquante ans
Que tous les hommes se ressemblent.

POTNICK *arrive avec une cruche de vin et un verre.*

Excusez-moi, c'est tout ce que j'ai pu trouver.

GUDULE, *qui a bu.*

Merci.

      Elle lui tend de nouveau le verre.

POTNICK, *faisant des efforts pour lever la cruche, et versant à Gudule.*

Encore!...

GUDULE.

J'avais très-chaud !...

      Elle tend son verre de nouveau.

POTNICK.

Toujours... (*A part.*) C'est une margrave...elle boit comme une éponge...

      Il dépose la cruche.

GUDULE.

Savez-vous qu'au lieu de venir faire le galantin au bal, vous agiriez plus sagement en restant chez vous, maître Potnick ?

POTNICK.

Vous me connaissez donc, charmante? (*A part.*) Décidément, c'est une compatriote.

GUDULE.

Pendant que vous courez les aventures, vieux libertin que vous êtes, on pourrait bien dévaliser votre boutique.

POTNICK.

Je ne crains rien là-dessus. La maison est bien gardée... j'y ai laissé mon neveu Charles, un vaillant garçon, et ma servante Gudule, la femme la plus rangée...

GUDULE.

Voilà les violons qui jouent une sarabande... donnez-moi la main.

POTNICK.

Bon! la voilà qui veut danser à présent !... (*A Gudule qui l'entraîne.*) Pas si fort! pas si fort! (*Le masque de Gudule tombe; elle s'évanouit.*) Qu'ai-je vu? Gudule! ah!... au secours!... au secours!... holà! quelqu'un!... (*Il lui frappe dans la main.*) Scélérate de Gudule!... au secours!...

LES MÊMES, CHARLES.

CHARLES, *accourant.*

Qui demande du secours ?

POTNICK.

Moi... Charles aussi!

CHARLES, *se sauvant.*

Mon oncle! sauve qui peut!

      Il sort.

POTNICK, *courant après lui. (Pendant ce temps, Gudule se relève et s'enfuit d'un autre côté.)* Charles... brigand, tu me le payeras... Quant à Gudule... disparue aussi... Ah ça... mais je suis donc ensorcelé... saperlotte!... je m'en vais.

  Au moment où il va sortir, il est arrêté par Priolo.

SCÈNE IX.

POTNICK, PRIOLO.

POTNICK, *à part.*

Bon! voilà ce diable d'homme maintenant.

      Il cherche à s'en aller.

PRIOLO, *le retenant.*

Un mot...

POTNICK.

Je n'ai pas le temps...

PRIOLO.

Il faut que vous m'écoutiez. Ce matin, vous m'avez dit que le jeune homme à qui vous avez donné le nom de Charles Potnick était votre neveu : je vais vous prouver le contraire.

POTNICK.

Je ne comprends pas.

PRIOLO.

Vous allez comprendre : Un soir, le 13 octobre, il y a douze ans, un bourgeois, armé de sa lanterne, passait, à Amsterdam, dans une des petites rues qui avoisinent le port. Il entendit à quelques pas de lui crier faiblement au secours, et il se dirigea vers l'endroit d'où venait la voix. Il vit un homme percé de coups, baigné dans son sang, et voulut le secourir. Mais le blessé ne lui en laissa pas le temps, et lui présentant un paquet cacheté : On vient de m'attaquer, lui dit-il, pour m'enlever un enfant confié à ma garde. Au nom de la religion et de l'honneur, efforcez-vous de le sauver. Courez vers le port, rejoignez-le. Voici des papiers très-importans qui le concernent. Emportez-les, de peur que les ravisseurs revenant sur moi, ne s'en emparent et ne les détruisent... Gardez bien ce précieux dépôt jusqu'à ce que j'aille vous le réclamer. « Donnez-moi votre parole, et dites-moi votre nom. » Le bourgeois promit, il se nomma, puis il s'élança à la recherche de l'enfant.

POTNICK.

Et ce blessé?...

PRIOLO.

C'est moi... le bourgeois, c'est vous... et l'enfant, c'est Charles.

POTNICK.

Je ne sais ce que vous voulez dire, je ne vous connais pas; Charles est mon neveu, le fils de mon frère.

Il fait un mouvement pour sortir.

PRIOLO.

Il n'y a à cela qu'un obstacle; cette lettre de votre frère lui-même, du capitaine David Potnick, qui déclare que cet enfant avait été jeté par des hommes masqués sur son navire, il y a douze ans, le 13 octobre, et qu'il vous l'a remis, touché de vos prières, et plus encore effrayé de vos menaces. Cette lettre, (*il la lui montre*) nous verrons si vous osez dire que vous ne la connaissez pas.

POTNICK.

Oui, c'est bien l'écriture de mon frère!

PRIOLO.

L'écriture de votre frère le capitaine, et le cachet de l'amirauté des Indes.

POTNICK.

Eh bien! oui, je l'avoue, monsieur, j'aime Charles de tout mon cœur, je l'ai élevé, et je suis déterminé à ne pas m'en séparer.

Air des Scythes.

Si vous l'aviez, sachant son existence,
Redemandé lorsqu'il n'était qu'enfant,
Je n'aurais pas fait tant de résistance,
J'aurais cédé, mais je sens maintenant
Que c'est mon fils, oui, c'est bien mon enfant!
Je l'ai sauvé, moi seul, de la misère;
Ma fille l'aime et lui donne sa main;
Charles, monsieur, n'a plus besoin d'un père;
Vous le voyez, il n'est plus orphelin.

PRIOLO.

Une alliance entre les deux familles, cela ne se peut.

POTNICK.

Alors, je garde mon neveu.

PRIOLO.

Ce n'est pas Charles que je vous demande; il est homme, il est libre... mais ces papiers?

POTNICK.

Je ne vous les rendrai que le lendemain du jour où Charles aura épousé Hélène.

PRIOLO, *voyant arriver Charles.*

Voici Charles.

POTNICK.

Avec une femme!

PRIOLO.

Jurez-moi que vous me les rendrez, ou devant lui, devant tout le monde...

POTNICK.

Silence! pas un mot de plus, monsieur, ou ces papiers... je les anéantis!

SCÈNE X.

LES MÊMES, CHARLES, HÉLÈNE, *masquée, puis* LE DUC *et des* MASQUES.

CHARLES, *suivant de près Hélène, qui cherche à s'enfuir.*

Pourquoi me fuyez-vous maintenant, madame? Tout-à-l'heure, vous avez écouté sans colère l'aveu de mon amour.

PRIOLO, *à part.*

La duchesse!... Que peuvent-ils se dire?

LE DUC.

Je reconnais son costume. C'est elle!

CHARLES.

Je vous en prie, je vous en supplie, reprenez mon bras.

Il passe son bras sous le sien, Hélène s'appuie en défaillant.

LE DUC.

Madame, veuillez me suivre.

Il va à Hélène et veut lui prendre le bras.

CHARLES, *l'arrêtant.*

Madame m'a fait l'honneur d'accepter mon bras, monsieur: malheur à qui voudra l'en arracher!

PRIOLO *et* POTNICK, *à la fois.*

Charles!

Ils veulent s'interposer.

CHARLES, *les repoussant.*

Qu'on me laisse! Quant à vous, monsieur, faites place...

LE DUC.

Je vous trouve insolent, monsieur, de me disputer le bras de ma femme.

TOUS, *excepté Priolo.*

Sa femme!

LE DUC.

Répondez vous-même, madame, et dites si j'ai menti... Vous gardez le silence... vous vous trompez, si vous croyez que votre masque vous met à l'abri de mon autorité.

Il fait sauter le masque d'Hélène, qui tombe presque évanouie dans les bras de son père.

TOUS.

Hélène!

CHARLES, *sautant à la gorge du Duc.*

L'insolence est de votre côté maintenant, monsieur, et vous m'en rendrez raison.

LE DUC.

J'eusse pu m'excuser auprès d'un autre d'une erreur dont monsieur (*montrant Priolo*) est la seule cause; mais votre impertinence m'en dispense, jeune homme... Quant à vous rendre raison, je ne crois pas la chose faisable: je suis duc, et vous êtes mercier, mon cher.

CHARLES.

Vous en avez menti, monsieur; je suis gentilhomme.

Vous?

PRIOLO.

Oui, et meilleur gentilhomme que vous, monsieur le duc.

LE DUC.

Quel est donc le nom de monsieur l'ex-débitant?

PRIOLO.

Il vous le dira demain.

CHARLES.

Demain, à six heures, sur les remparts.

LE DUC.

Quelle sera votre arme, jeune homme? l'épée ou l'aune?

CHARLES.

Toutes deux, monsieur, afin que si vous reculez devant l'une, je vous châtie avec l'autre.

ENSEMBLE.

AIR :

Dans ces lieux, quel éclat, quel défi téméraire,
Qui peut donc de tous deux soulever la fureur?
Maîtrisez, croyez-nous, une injuste colère,
Où les lois dès demain puniront l'agresseur.

LE DUC et CHARLES.

Laissez-moi; je dois seul en ma juste colère
Châtier l'insolent qui m'outrage à vos yeux :
A ce fer désormais rien ne peut le soustraire,
Oui, demain la vengeance ou la mort pour tous deux.

MÉLANIE.

Au péril maintenant qui pourrait le soustraire?
Qui pourrait enchaîner cette aveugle fureur?
Ah! pour moi, de ce jour, tout est dit sur la terre,
Car, hélas! je n'ai plus une place en son cœur.

ACTE TROISIEME.

Une chambre d'hôtellerie, chambre élégante dans le goût de l'époque, celle de Louis XIII. Une fenêtre à droite. A gauche une petite porte. Au fond, une porte à deux battans. Sur le devant, d'un côté, une table, de l'autre, une toilette.

SCÈNE PREMIÈRE.

LA DUCHESSE, LA CAMÉRISTE.

LA DUCHESSE, *avec agitation, à sa camériste, en lui remettant son masque et son bahuta.*

Il n'est venu personne pendant que j'étais au bal?

LA CAMÉRISTE.

Personne, madame la duchesse.

LA DUCHESSE.

Point de lettres de Londres?

LA CAMÉRISTE.

Aucune.

LA DUCHESSE.

Préparez tout rapidement pour le voyage : nous partons à six heures.

LA CAMÉRISTE.

Il suffit, madame la duchesse.

La Camériste sort.

LA DUCHESSE.

Le Duc ici! Mon Dieu! quel effroi m'a saisie en l'apercevant au bal!... Pourrai-je lui échapper?... Oh! oui, il ne peut déjà savoir mon adresse, et en me hâtant... Mais ce jeune homme, je ne pourrai donc le revoir, lui dont les douces paroles commençaient à endormir mes souffrances, dont la noble affection eût pu me consoler de tous mes malheurs passés! Généreux enfant! sur lequel j'espérais m'appuyer! En ne me trouvant pas à ce rendez-vous que je lui ai donné, il croira que je l'ai trompé, que je me suis jouée de son amour, et il pleurera, et il me maudira peut-être... Oh! non, je veux qu'il sache la vérité... *Elle se met à sa table et écrit.)* « Je ne puis vous attendre, Charles; mon » mari me poursuit, il faut que je me hâte de » fuir... Croyez qu'il m'en coûte cruellement, » car moi aussi je vous aime, je vous aime plus » que vous ne sauriez l'imaginer... C'est à vous » que j'aurai dû mon dernier moment de bonheur, peut-être... Adieu! pensez quelquefois à » celle qui ne vous oubliera jamais!» Cette lettre adoucira pour lui l'amertume de la séparation... Que sa voix était tendre et douce à ce bal!...

Elle se déshabille à demi à la toilette. Charles entre par la fenêtre de droite.

SCÈNE II.

CHARLES, LA DUCHESSE.

LA DUCHESSE.

Un homme ici!

CHARLES.

N'appelez pas, madame; c'est moi!

LA DUCHESSE.

Vous! à cette heure!

CHARLES.

Oui, j'ai voulu vous voir... j'ai voulu... Mon Dieu! je ne sais plus ce que je voulais; je sais que je suis venu... puis, je ne pouvais entrer de nuit dans votre hôtel sans vous compromettre; j'ai dû choisir ce chemin.

LA DUCHESSE.

Ah! monsieur!

CHARLES, *tristement.*

Pardonnez-moi, madame!

LA DUCHESSE, *doucement.*

Monsieur, cette entrevue, qui était pour moi
la dernière, ne devait avoir lieu que demain ; je
suis étonnée, affligée de vous voir entrer chez
moi, la nuit, par la fenêtre, comme on entre
chez une femme perdue...

CHARLES.

Vous pleurez !

LA DUCHESSE.

Oui, je pleure... il m'est cruel de renoncer à
l'idée qu'il y avait un homme sur le respect du-
quel je pouvais compter.

CHARLES.

Madame...

LA DUCHESSE.

J'aurais dû me rappeler que cela est toujours
ainsi... c'est moi qui fus imprudente... mais j'en
suis cruellement punie... demain, je serai dés-
honorée !...

CHARLES.

Moi, vous apporter le déshonneur !... à vous,
madame, pour qui je voudrais mourir... mais je
savais bien que je n'étais pas venu sans motif !...
je me rappelle maintenant... ce sont des adieux
que je venais vous faire.

LA DUCHESSE.

Des adieux ?...

CHARLES.

Je venais vous dire : Demain, oui, demain
peut-être, vous me chercherez, et je ne serai plus
là... vous que j'aime, que je ne puis quitter !...
eh bien ! je vous aurai laissée seule, exposée à
mille dangers... mais ce ne sera pas ma faute, je
n'aurai point été infidèle à mes sermens, à mon
amour ; et ce ne sera qu'en perdant la vie que
j'aurai renoncé au bonheur de vous voir, au soin
de vous défendre !

LA DUCHESSE, *vivement.*

Vous vous battez !...

CHARLES.

Dans deux heures.

LA DUCHESSE.

Et avec qui ?

CHARLES.

Avec un homme qui m'a insulté au bal, qui a
osé démasquer à mon bras une femme qui por-
tait le même déguisement que vous, et à qui je
parlais croyant vous parler... Voilà, madame,
pourquoi je suis venu. Maintenant que je vous ai
vue, je m'en vais content, et j'emporte l'espoir
que vous pardonnerez à celui qui va mourir peut-
être avec votre nom sur les lèvres et votre image
dans le cœur. Adieu, madame.

LA DUCHESSE.

Promettez-moi de ne pas vous battre.

CHARLES.

Impossible, madame : nous nous sommes pro-
voqués en face de toute la ville, et je ne veux
pas passer pour un lâche.

LA DUCHESSE.

Ne vous battez pas, Charles, je vous en supplie !

CHARLES.

Eh bien ! j'y consens... mais à une condition.

LA DUCHESSE.

Laquelle ?

CHARLES.

Amis, famille, patrie, pour vous j'abandonne-
rai tout, l'honneur même, l'honneur, je l'oublierai si vous consentez à me suivre.

LA DUCHESSE.

Vous suivre ! oh ! jamais ! je ne veux pas commettre une nouvelle faute dont il vous faudra
porter la moitié... Vous ne savez pas ce que c'est
que le remords, enfant !

CHARLES.

C'est bien, madame ; je ne vous demande plus
rien.

LA DUCHESSE.

Vous n'irez point à ce rendez-vous.

CHARLES.

J'irai... mais je me laisserai tuer !

LA DUCHESSE.

Vous laisser tuer !...

CHARLES.

Oui... parce que je suis le plus misérable des
hommes... mon existence, naguère si calme, n'est
plus qu'un tourment... ma pensée n'est plus
qu'un doute..... le passé, je l'ai perdu... l'avenir,
je l'avais placé en vous, et vous le brisez d'un
mot... vous ne m'aimez pas !

LA DUCHESSE.

De l'amour pour vous ? et le puis-je ?... vous
ne connaissez pas cette fatalité qui me poursuit
toujours et partout... et faut-il vous le dire ?
votre présence est pour moi l'apparition d'un
fantôme !

CHARLES.

Grand Dieu !

LA DUCHESSE.

Celui d'un être innocent et pur, d'un être que
j'ai perdu ! vous me le rappelez... oui... tout,
jusqu'au son de votre voix !...

Air : *Loin de nous pour l'enrichir.*

Lorsque je vous vois, soudain
C'est son regard qui m'oppresse,
Dans cette main que je presse
Je crois retrouver sa main !
Je vous redoute et vous aime,
Vous êtes ici pour moi
Et l'amour et l'anathème !
Enfant, fuyez loin de moi...

ENSEMBLE.

LA DUCHESSE.

Ah ! de ce fatal mystère
Qu'il ne sache point l'horreur ;
Je l'aime, je lui suis chère,
Et cependant, oui... j'ai peur.

CHARLES.

Quel sombre et fatal mystère !
Mon cœur s'ouvrait au bonheur ;
Elle m'aime, elle m'est chère,
Et cependant elle a peur.

CHARLES.

Cessez de craindre, madame; je ne veux pas être un malheur de plus dans votre vie... Je vous ai dit que je voudrais mourir pour vous... pour vous je suis prêt à vivre... près de vous, loin de vous... comme vous le voudrez; et puissé-je, à force de dévouement, vous faire oublier tout ce que vous regrettez...

Je dois ignorer vos torts;
Qu'importe votre famille?
Sur moi quand ce regard brille,
Dès demain quittant ces bords,
Je vous suivrais, car mon âme
N'a plus de force qu'en vous;
Vous êtes la seule femme
A qui l'on parle à genoux.

LA DUCHESSE.

Oh! relevez-vous, Charles; c'est moi qui devrais être à vos pieds.

CHARLES.

Ce dévouement que je vous offre, l'acceptez-vous?

LA DUCHESSE, *lui prenant la main.*

Si je l'accepte! à mon noble, mon seul ami!

ENSEMBLE.

CHARLES.

Dans son destin solitaire
Je deviens son protecteur;
Et désormais sur la terre
Je dois être son sauveur.

LA DUCHESSE.

Dans mon destin solitaire
Dieu me donne un protecteur;
Je l'aime, je lui suis chère,
Maintenant je n'ai plus peur.

LE DUC, *en dehors.*

Ouvrez, ouvrez, madame la duchesse.

CHARLES.

Cette voix...

LA DUCHESSE.

C'est celle du duc.

CHARLES.

Du duc, oui, c'est bien cela.

LA DUCHESSE.

Mon mari.

CHARLES.

Vous avez dit votre mari, madame! Ah! mais cet homme, c'est celui qui m'a insulté!

LA DUCHESSE.

Lui! à ce bal, n'est-ce pas? Ah! fuyez! fuyez! vous ne voulez pas me perdre, n'est-ce pas?

LE DUC.

Ouvrirez-vous, madame la duchesse?

CHARLES.

Fuir devant lui! jamais!

LA DUCHESSE, *regardant le cabinet et indiquant de la main.*

Ah!

CHARLES.

Là! oui, là! du moins, je pourrai veiller sur vous!

SCÈNE III.

LA DUCHESSE, LE DUC.

LE DUC, *entrant précipitamment et regardant de tous côtés.*

Vous avez bien tardé à m'ouvrir, madame la duchesse!...

LA DUCHESSE.

Mon appartement est isolé, et je m'enferme ainsi tous les soirs...

LE DUC.

Mais vous n'étiez pas seule ici... j'ai entendu des voix qui se répondaient.

LA DUCHESSE.

Je viens de donner des ordres à ma camériste.

LE DUC.

A quatre heures du matin!... c'est un étrange moment. Il est vrai (*il montre le masque qui est sur la table*) qu'en rentrant du bal, la fatigue, des ordres à donner... On assurait que vous aviez quitté Londres pour vous livrer à la retraite la plus sévère... Il me semble que vous avez trouvé moyen d'égayer votre solitude... Vous étiez allée à ce bal par esprit de pénitence, n'est-il pas vrai?

LA DUCHESSE.

Monsieur... j'y étais allée pour m'assurer de votre présence en cette ville, et j'en suis revenue pour faire mes préparatifs de départ.

LE DUC.

Vous persistez donc à me fuir? Moi, j'ai le malheur d'être plus constant que vous, et je suis décidé à ne pas me départir de mes droits. Vous étiez venue en Hollande pour me fuir; moi, j'y viens pour vous chercher.

LA DUCHESSE.

Où voulez-vous me conduire?

LE DUC.

A Londres.

LA DUCHESSE, *retirant sa main.*

Je n'irai pas.

LE DUC.

Vous n'irez pas?

LA DUCHESSE.

Non, monsieur... Je suis lasse d'être votre instrument et votre victime... Je me suis long-temps abusée sur vous, je vous connais maintenant. Vous êtes la cause de tous mes malheurs. Vous m'avez épousée par ambition, par intérêt... parce que j'étais, après les princesses couronnées, la plus grande dame d'Europe et la plus riche héritière d'Angleterre... pour cela uniquement, car vous n'avez pas de cœur!

LE DUC.

Cette belle indignation vous va mal à vous, madame, qui avez été tour à tour, si j'ai bonne mémoire, sœur dénaturée et fille rebelle!

LA DUCHESSE *regardant le cabinet.*

Taisez-vous! monsieur, taisez-vous!

LE DUC.

Pourquoi donc? Ne pouvons-nous pas nous parler librement? nous nous connaissons bien.

LA DUCHESSE.

Air :

Vous dites vrai, par le crime las,
    Nous nous connaissons l'un et l'autre,
Depuis long-temps vous avez sous vos pieds
    Foulé mon honneur et le vôtre.
Mais à vous seul le poids de l'avenir!
    A vous le remords qui se lève :
    Nos mains doivent se désunir,
    Votre règne vient de finir...
    Et votre esclave se relève!

LE DUC.

Madame, si mes prières sont inutiles, je vous
rappellerai que j'ai le droit de vous donner des
ordres.

LA DUCHESSE.

Et moi, monsieur, si vous vous oubliiez à ce
point, je vous rappellerais qu'une Northumberland peut bien d'un pauvre baronnet d'Écosse
faire son mari, mais jamais son maître.

LE DUC.

Je ne m'attendais pas, je l'avoue, à une pareille
résistance. Mais la cause n'en saurait être difficile
à trouver, et mes soupçons se changent maintenant en certitude. Vous me trompez, madame.

LA DUCHESSE.

Monsieur!

LE DUC.

Et c'est pour cela que vous avez quitté Londres;
c'est pour cela que vous vous cachez ici depuis
deux mois; c'est pour cela que vous vouliez fuir
à mon arrivée... Madame la duchesse, pour qui
est cette lettre?

LA DUCHESSE, à part.

Mon Dieu!

LE DUC.

Cette lettre que vous cherchez à me cacher, je
la veux; donnez-la-moi; vous refusez; je la veux :
de gré ou de force, je l'aurai.

Il lui arrache la lettre.

LA DUCHESSE, avec désespoir.

Ah!

SCÈNE IV.

LES MÊMES, CHARLES.

CHARLES, sortant du cabinet.

Monsieur le duc, vous êtes un lâche!

LA DUCHESSE.

Que faites-vous, monsieur?

CHARLES.

Je veux voir quelle figure fait en face d'un
homme celui qui violente une femme. Je ne sais,
monsieur le duc, si c'est avec de pareils exploits
que vous vous êtes fait en Angleterre une réputa-
tion de duelliste... mais je vous déclare qu'il vous
en faudra d'autres en Hollande pour la soutenir.

Nous devions nous rencontrer à six heures, monsieur le duc, c'est une heure de gagnée; je vous
attends.

LE DUC.

Pour qui me prenez-vous, mon cher? À cette
heure, il n'y a que des aventuriers ou des voleurs
qui se battent. Je suis ici chez moi; permettez que
j'y reste, et que je vous demande par quel hasard
vous vous trouvez, à cette heure de nuit, chez ma
femme?... Ah! je comprends... vous attendiez le
masque et le bahut de madame la duchesse pour
les reporter au magasin. C'est fort bien, jeune
homme!

CHARLES, avec violence.

Monsieur!...

LE DUC.

Qu'allez-vous dire? que vous étiez venu ici avec
le consentement de madame. Il n'est pas vraisemblable qu'une duchesse favorise à ce point la mer-
cerie, et je pense qu'elle ne me démentira pas
quand je dirai tout-à-l'heure aux gens de l'hôtel,
en vous remettant entre leurs mains, que je vous
ai surpris emportant ces bijoux et cet écrin.

CHARLES, tirant son épée.

Assez d'insolence, monsieur!...

LE DUC.

Votre affaire est assez mauvaise, l'ami, et je
vous conseille de ne pas la gâter par un assassi-
nat... Holà! du monde, ici!...

SCÈNE V.

LES MÊMES, PRIOLO.

PRIOLO, entrant.

Voilà...

CHARLES.

Mon ami!...

PRIOLO.

Qu'y a-t-il pour le service de monsieur le duc?

LE DUC.

Est-ce un guet-apens?

PRIOLO.

J'en ai peur, et c'est pour cela que j'arrive. Je
connais cela, le guet-apens : c'est mon affaire.

LE DUC, s'élançant à la porte du fond.

Main-forte! à moi!

PRIOLO.

Doucement, doucement, mon gentilhomme...
Ne criez pas, ne bougez pas, s'il vous plaît. (Le
Duc s'arrête.) Là, causons raison, tranquillement,
comme de bons amis. — De quoi s'agit-il?

CHARLES.

Monsieur refuse de se battre, et veut me faire
arrêter comme voleur.

PRIOLO.

Comme voleur?... Il n'y a ici de voleur que M. le
chevalier.

LE DUC, avec dédain.

Comment!

PRIOLO.

Oui, vous; et voilà celui que vous avez volé!

CHARLES.

Moi?

LA DUCHESSE.

Charles?

LE DUC.

Lui?

PRIOLO.

Vous lui avez pris son héritage et son nom!

LA DUCHESSE.

Son nom?

PRIOLO.

Et jusqu'à l'épée de son père, rien que cela... Ah! vous avez eu raison... tant qu'à faire les choses... il faut bien les faire. Le malheur est qu'il faut quelquefois rendre ce qu'on a pris; et dès ce moment, reprenez vos titres et votre nom... oui, Tancrède Piercy... duc de Northumberland.

CHARLES, *stupéfait.*

Moi!

LA DUCHESSE.

Mon frère! c'est mon frère!

CHARLES.

Elle! ma sœur!

PRIOLO, *ôtant le chapeau du Duc.*

Et maintenant, monsieur, saluez le chef de votre famille.

LE DUC.

Quel est donc cet insolent, qui ose me parler ainsi?

PRIOLO.

Je ne refuse pas plus de dire mon nom que le sien. Je me nomme Priolo, pour vous servir.

LE DUC *et* LA DUCHESSE.

Priolo!

PRIOLO.

Oui... et si vous en doutez, monsieur le chevalier, j'ai là les cicatrices des blessures que m'ont faites vos assassins... Ah! c'est singulier, n'est-ce pas, un mort qui revient sans permission, et qui gagne à son meurtrier quarante ducats au lansquenet?

LE DUC.

Tu n'es qu'un imposteur, et toute cette histoire n'est qu'une fable sans vraisemblance et sans preuves.

PRIOLO.

Pour la vraisemblance, je ne m'en fais pas juge; pour les preuves, c'est une autre affaire. Je les tiens: Hélène me les a rendues.

CHARLES.

Hélène!

PRIOLO.

Oui. La pauvre enfant! si vous aviez vu avec quelle ardeur elle a devancé son vieux père!... avec quelle joie elle m'a remis ces papiers! Et ces preuves, (*il tire des papiers de son pourpoint*) je les trouve excellentes; et je suis sûr que le parlement sera de mon avis.

LA DUCHESSE.

Et si elles ne suffisent pas, j'y ajouterai mon témoignage.

PRIOLO *et* LE DUC.

Votre témoignage!

LA DUCHESSE.

Oui... je dirai la vérité, toute la vérité. Je dirai que c'est M. le chevalier Bolton qui a fait enlever mon frère, encore enfant, pour faire de moi, qu'il voulait épouser, la seule héritière des biens et des titres de la maison de Northumberland.

LE DUC.

Oubliez-vous, madame, que vous ne pouvez m'accuser sans vous accuser aussi?

LA DUCHESSE.

Je n'oublie pas que vous avez su me faire consentir au crime que l'ambition vous fit commettre, et c'est pour cela que je parlerai. Je proclamerai partout que Tancrède est le véritable et légitime héritier des Northumberland. Et quand il mettra le pied dans le palais de ses ancêtres, je m'agenouillerai devant lui pour lui jurer obéissance, comme je m'y agenouille maintenant pour lui demander pardon.

CHARLES.

Ma sœur!

LA DUCHESSE.

Mon noble frère! J'aurais dû le reconnaître au mouvement de mon cœur.

CHARLES.

Comme elle, au portrait de ma mère.

PRIOLO, *à Charles en lui remettant ses papiers.*

Allons, monseigneur, la fortune se prononce pour nous; partons.

LE DUC.

Eh bien! allez, et je vous suivrai. — Moi aussi, j'ai quelque chose à proclamer; c'est votre déshonneur à tous deux.

TOUS.

Déshonneur!

LE DUC.

Avez-vous oublié cette lettre, madame, cette lettre toute brûlante d'amour adressée à M. Charles Potnick, que vous appelez maintenant duc de Northumberland.... votre frère? Ah! j'ai mes preuves aussi, moi. Demain, l'inceste sera cloué au blason des Northumberland.

PRIOLO.

Cette preuve d'un horrible mensonge.... vous ne la garderez pas long-temps.

CHARLES.

Priolo!...

PRIOLO.

Ah! il faut faire la guerre comme on nous la fait.

CHARLES, *l'arrêtant.*

Je vous prie, et s'il le faut, je vous ordonne de me laisser régler seul cette affaire. (*Il va au Duc et lui parle bas.*) Cette lettre, dont vous voulez abuser pour déshonorer si lâchement une famille qui est devenue la vôtre, à quelles conditions voulez-vous me la donner?

LE DUC, *lui montrant les papiers que Priolo lui a remis.*

Je l'échangerai contre ces papiers.

CHARLES.

Ces papiers, monsieur?... Mais c'est mon nom, ma fortune, mon avenir tout entier... mais je ne suis pas de votre force, monsieur! je recule devant la honte, même imméritée: donnez-moi cette lettre.

LA DUCHESSE.

Que faites-vous?

CHARLES.

Je vous sauve, ma sœur.

LA DUCHESSE.

Et c'est pour moi, pour moi, qui vous ai fait tout perdre?.... Ah! Tancrède, c'est une noble mais cruelle vengeance!

CHARLES.

Madame, ma sœur, ah! ne pleurez pas ainsi; vos larmes m'ôteraient le courage, et j'en ai besoin. Monsieur, je ne suis plus désormais pour le monde que Charles Potnick, le neveu du mercier. Mais pour vous, monsieur le chevalier, je suis, je demeure Tancrède de Northumberland: ne l'oubliez jamais. Continuez donc mon nom, devenu désormais votre sauve-garde..... continuez-le le moins mal qu'il vous sera possible; moi, j'irai, comme le premier de mes aïeux, m'en faire un avec mon épée. Si je ne puis vivre avec le nom de mon père, je mourrai du moins digne de ce nom.

PRIOLO.

Et vous garderez le vôtre, noble enfant. (Au Duc.) Chevalier Bolton, si j'ai permis à ce jeune homme de jouer avec vous, c'est que j'étais sûr qu'il ne pouvait pas perdre la partie.

LE DUC.

Ces papiers...

PRIOLO.

Exacts, parfaits... seulement ce n'était qu'une copie. Je me souvenais de ma mésaventure d'Amsterdam; cette fois, j'ai dû prendre mes précautions... les originaux sont entre les mains du gouverneur, sous le sceau des États. Ah! je n'ai pas perdu de temps, et demain nous serons à Londres.

LE DUC.

Eh bien! j'y lutterai contre vous tous.

Il sort.

PRIOLO.

À votre aise, mon gentilhomme. Laissez-le faire, il n'ira pas loin... il a voulu me faire périr à Amsterdam; moi, je le fais loger à Utrecht jusqu'à mon retour; j'y mets de la générosité. Monseigneur, votre mère vous attend.

CHARLES.

Ma mère! Oui, Priolo, nous lui ramènerons ses enfants, ma sœur... Hélène.

PRIOLO.

Hélène!

LA DUCHESSE.

Votre femme, n'est-ce pas!

CHARLES.

Oui, ma sœur. Hélène sera demain duchesse de Northumberland.

S'adresser, pour la musique de cet ouvrage, à M. R. Tabazue, bibliothécaire du théâtre du Vaudeville, et pour la mise en scène, à M. Ludovic, régisseur.

PARIS. — IMPRIMERIE DE Mme Ve BOSQUET-DUPRÉ,
Rue Saint-Louis, 46, au Marais.